个股期权

Equity Option

王金壮　编著

西北工业大学出版社

图书在版编目(CIP)数据

个股期权/王金壮编著.—西安:西北工业大学出版社,2015.7
ISBN 978-7-5612-4481-4

Ⅰ.①个…　Ⅱ.①王…　Ⅲ.①期权交易　Ⅳ.①F830.91

中国版本图书馆 CIP 数据核字(2015)第 176760 号

出版发行:西北工业大学出版社
通信地址:西安市友谊西路 127 号　　邮编:710072
电　　话:(029)88493844　88491757
网　　址:www.nwpup.com
印 刷 者:陕西向阳印务有限公司
开　　本:787 mm×960 mm　　1/16
印　　张:11.75　彩插 1
字　　数:192 千字
版　　次:2015 年 9 月第 1 版　　2015 年 9 月第 1 次印刷
定　　价:33.00 元

作者简介

王金壮

注册国际投资分析师（CIIA），现就职于申银万国证券西安长安北路证券营业部。

早年曾在深圳外企工作，历经由普通基层管理者班长逐步晋升为工场长。其间，推广工业工程技术（IE）引入高效生产管理模式；引入ISO品质保证体系，使企业的效率和品质得到了稳步提升。

专业的财务功底，主导编制总公司与分公司的合并报表，建立了完善的采购渠道和销售渠道，以及相应的运作机制，谙熟于实体企业的运营和管理，证券基本面分析锐利。采用远期合约来控制原料采购成本的波动，使用外汇期权来管理外销销售货款的汇率风险，将衍生品应用于实体经营。

1992年开始关注A股市场，先后实地调研和参观了60多家上市公司和优秀的外资企业，具有多年的实战经验，注重一手资料。

DIPLOMA

It is hereby certified that

Wang Jinzhuang

29002267

has satisfied the examinations and requirements to use the designation of

Certified International Investment Analyst CIIA®

Entitlement to use the designation is subject to fulfilling the ongoing obligations of a CIIA® holder as prescribed by the Association of Certified International Investment Analysts ACIIA® and the Securities Association of China SAC

Issued on May 20th 2014 by the ACIIA®

The Chairman of the ACIIA® — Yixiang Lin

The Chairman of the SAC — Chen Gongyan

The Chairman of the International Examinations Committee of the ACIIA® — M F Theobald

注册国际投资分析师（Certified International Investment Analyst，CIIA）资格是全球投资分析领域最具国际影响力的专业资格之一，由注册国际投资分析师协会（Association of Certified International Investment Analyst，ACIIA）统一管理。

CIIA是国际通行的金融投资领域顶级资格认证。截至2014年底，全球已有超过7 800名专业人士被授予CIIA资格，目前中国大陆较少人具备该资质。

注册国际分析师协会是由欧洲金融分析师联合会(European Federation of Financial Analysts Societies, EFFAS)、亚洲证券分析师联合会(Asian Securities Analysts Federation, ASAF)，以及欧洲、亚洲和拉丁美洲的英国、法国、德国、阿根廷、奥地利、比利时、巴西、中国、中国香港、中国台北、希腊、匈牙利、印度、伊朗、意大利、日本、韩国、卢森堡、摩洛哥、荷兰、波兰、俄罗斯、西班牙、瑞典、瑞士、泰国、乌克兰等36个国家和地区的投资分析师协会联合成立的国际性专业机构。

微信号：QQ867162369

序　言

2015年初，50ETF期权在中国证券市场正式上市，期权这个新兴产品引发了市场的热论。然而，不论是普通投资者还是业内人士，对股票期权这个金融衍生产品都还较为生疏。就此，媒体对笔者进行了专访，部分内容发表于2015年1月12日《西安晚报》(http://economy.gmw.cn/newspaper/2015－01/12/content_103652592.htm)，立即引起了各大门户网站的广泛关注，网易新闻中心、腾讯财经、光明网等纷纷转载。

在不远的未来的某个时点上，股票期权的诞生已是水到渠成之事。它既能给投资者带来前所未有的投资机会，也会带来其所具有的独特风险。

凡事预则立，不预则废。

编写本书，实乃为有心人做事先准备而用。有了这样一件量身定做的装备，未来就可以不失时机地投入实战，在实战中表现得游刃有余。

全书分为基础篇、实战篇和理论篇：

基础篇　介绍了期权的概念和基本特征，使读者能够较全面地理解期权这一金融产品的实质，并为参与市场实际操作打下良好的基础。

实战篇　较全面地收集了个股期权的实战策略，有技巧、有例题、有数据。各种期权组合可以应用于不同情形的市场。技巧多奇思妙想，引人入胜。工具和方法的出现，使不对称收益有了可能，使个人投资者有了可以和机构资本平等竞争的机会。

理论篇 进行了必要理论的讲解，简明扼要。

本书配有期权投资者开户的模拟题，帮助读者加深理解知识点，并且对读者参加期权开户测试有很好的帮助。

中国资本市场从起步发展至今，快 30 年了。有经验的投资者会发现，融券市场是不容易融到券的，股指期货的持仓量也较低。也就是说，市场的主要特征还是单边市，投资者很难在其中找到对冲工具或有反向交易的机会。而融资功能在单边市场中助涨助跌，就像一辆只有四轮驱动，没有方向盘，也没有刹车系统的跑车，跑起来让人有些揪心……

期权的出现，尤其是个股期权的出现，会有效纠偏这种局面。就像最初的 A 股出世，孕育着巨大的机遇。标准化的商品期权、指数期货期权、外汇期权等会相继出现，未来的投资市场属于虽然现在还是懵懂，但会快速成熟起来的期权一代。

鲁衡军

2015 年 8 月 18 日

目录

基础篇

实战篇

基 础 篇

多数人只适合做无风险收益类的投资。历史经验告诉我们，高出无风险收益率的那一部分收益，是用承担风险换来的。如果要追求50％正收益，就有了发生50％负收益的可能。而今，个股期权提供了一种非对称收益的可能性，快看看吧！

第1章
期权的基础知识

市梦率甚嚣尘上之时，打开证券行情软件，常常这样想，为什么股票的交易价格大多会高过每股净资产许多许多……

还是先进入正题吧，个股期权。

衍生产品是一种市场价格会随着标的资产价格变动而变动的金融合约。这个家族有远期、期货、期权和互换等。这些产品最主要的特征就是可以用来转移风险和发现价格，期权是其中的第二大品种。而个股期权也叫股票期权，是期权系列中的重量级角色。

最早引入单支股票的标准化期权的是芝加哥期权交易所(Chicago Board Options Exchange，CBOE)，距今已经有140多年的历史了。期权以它独特的魅力，得到了广泛认同和飞跃发展。股票期权的出现，往往会颠覆原来的股票定价模式。

先介绍一下关于期权的基础知识。

1.1 期权的概念

期权又称为选择权，是指在未来一定时期可以买卖的权利，是买方向卖方支付一定数额费用后，拥有的在未来一段时间内（指美式期权）或未来某一特定日期（指欧式期权）以事先规定好的价格（行权价格）向卖方购买或出售一定数量的特定标的物的权利，不过没有必须买进或必须卖出的义务。

从本质上讲，期权实质上是在金融领域中将权利进行定价，使得权利的受让人在规定时间内对于是否进行交易、行使其权利而有决定权和选择权，而义务方必须履行。在期权交易时，购买期权的一方称作买方，出售期权的一方则叫作卖方；买方即是权利的受让人，而卖方则是必须履行买方行使权利的义务人。

为了能清楚地了解期权，我们将股票期权和股票权证作个简单的对比后发现，股票权证往往伴随着融资行为，即公司总股本会发生变化，而股票期权只会使存量股票的所有权发生变更，行使期权不会导致公司的总股本的变化。了解了这一点，我们就可以利用这个特性，更好地把握具体股票期权的交易。

1.2 期权的分类

1. 按期权的权利划分

按期权的权利划分，分为买入期权（看涨期权）和卖出期权（看跌期权）两种类型。

买入期权（看涨期权）（Call Options，简称 Calls）是指期权的买方向期权的卖方支付一定数额的权利金后，即拥有在期权合约的有效期内，按事先约定的价格向期权卖方买入一定数量的期权合约规定的特定商品的权利，不过没有必须买进的义务。而期权卖方有义务在期权规定的有效期内，应期权买方的要求，以期权合约事先规定的价格卖出期权合约规定的特定商品。

卖出期权(看跌期权)(Put Options,简称 Puts)是指按事先约定的价格向期权卖方卖出一定数量的期权合约规定的特定商品的权利,不过没有必须卖出的义务。而期权卖方有义务在期权规定的有效期内,应期权买方的要求,以期权合约事先规定的价格买入期权合约规定的特定商品。

2. 按交割时间划分

按期权的交割时间划分,分为美式期权和欧式期权两种类型。

美式期权是指在期权合约规定的有效期内任何交易日都可以行使权利。欧式期权是指在期权合约规定的到期日方可行使权利,期权的买方在合约到期日之前不能行使权利,过了期限,合约则自动作废。

3. 按合约上的标的划分

按期权合约上的标的划分,分为股票期权、股指期货期权、利率期权、商品期权以及外汇期权等。期权的种类不同,也就是期权到期时,所交割的标的物不同,分别是股票、股指期货、利率差价、商品以及外汇等。

1.3 期权的特性

期权主要可分买入期权(看涨期权)和卖出期权(看跌期权)。

前者也称为看涨期权或认购期权,后者也称为看跌期权或认沽期权。具体交易分为四种:买入买权(lɔng call);卖出买权(short call);买入卖权(long put);卖出卖权(short put)。

每一期权合约都包括四个特定的要素,即标的资产、行权价格、合约规模和行使时限。

1. 标的资产

每一期权合约都有一个标的资产,标的资产可以是众多金融产品中的任何一种,如普通股票、股价指数、期货合约、债券、外汇等等。通常,把标的资产为股票的期权称为股票期权,如此类推。因此,期权有股票期权、股票指数期权、外汇期权、利率期权、期货期权等，它们通常在证券交易所、期权交易所、期货交易所挂牌交易，当然，也有场外交易。

2. 行权价格

行权价格(strike price 或 exercise price)记为 K，在行使期权时，用以买卖标的资产的价格。在大部分交易的期权中，标的资产价格接近期权的行权价格。行权价格在期权合约中都有明确的规定，通常是由交易所按一定标准以减增的形式给出，故同一标的的期权有若干个不同的行权价格。一般来说，在某种期权刚开始交易时，每一种期权合约都会按照一定的间距给出几个不同的执行价格，然后根据标的资产的变动适时增加。至于每一种期权有多少个执行价格，取决于该标的资产的价格波动情况。投资者在买卖期权时，对执行价格选择的一般原则：选择在标的资产价格附近交易活跃的执行价格。

3. 合约规模(数量，quantity)

期权合约明确规定合约持有人有权买入或卖出标的资产的数量。例如，一张标准的期权合约所买卖股票的数量为 100 股，但在一些交易所亦有例外，如在香港交易所交易的期权合约，其标的股的数量等于该股票每手的买卖数量。

4. 行使时限(到期日)

每一期权合约具有有效的行使期限，如果超过这一期限，期权合约即失效。一般来说，期权的行使时限为 1，3，6，9 个月不等，单个股票的期权合约的有效期间至多为 9 个月。场外交易期权的到期日根据买卖双方的需要量身定制。但在期权交易场所内，任何一只股票都要归入一个特定的有效周期，有效周期可分为这样几种：①一月、四月、七月、十月；②二月、五月、八月和十一月；③三月、六月、九月和十二月。它们分别称为一月周期、二月周期和三月周期。

按执行时间的不同，期权主要可分为两种，欧式期权和美式期权。欧式期权，是指只有在合约到期日才被允许执行的期权，它在大部分场内交易中被采用。美式期权，是指可以在成交后有效期内任何一天被执行的期权，多为场外交易所采用。

我们把期权起始交易日记为 t，到期日记为 T，剩余期限为 $T-t$，记为 τ(读 tao)。

1.4 期权的价格

有期权的买卖就会有期权的价格，通常将期权的价格称为“权利金”或者“期权费”。权利金是期权合约中的唯一变量，期权合约上的其他要素，如执行价格、合约到期日、交易品种、交易金额、交易时间、交易地点等要素都是在合约中事先规定好的，是标准化的，而期权的价格则是由交易者在交易所里竞价得出的。

期权的价格主要由内在价值、时间价值两部分组成。

1. 内在价值

内在价值指立即履行合约时可获取的总利润。具体来说，可以分为实值期权、虚值期权和两平期权。

(1)实值期权。

当看涨期权的执行价格低于当时的实际价格时，或者当看跌期权的执行价格高于当时的实际价格时，该期权为实值期权。

(2)虚值期权。

当看涨期权的执行价格高于当时的实际价格时，或者当看跌期权的执行价格低于当时的实际价格时，该期权为虚值期权。当期权为虚值期权时，内在价值为零。

(3)两平期权。

当看涨期权的执行价格等于当时的实际价格时，或者当看跌期权的执行价格等于当时的实际价格时，该期权为两平期权。当期权为两平期权时，内在价值为零。

2. 时间价值

期权距到期日时间越长，大幅度价格变动的可能性越大，期权买方执行期权获利的机会也越大。与较短存续期的期权相比，期权买方对较长存续期的期权应付出更高的权利金。

值得注意的是，期权时间价值与到期时间的关系，是一种非线性的关系，而不是简单的倍数关系。

期权时间价值随到期日的临近而减少，期权到期日的时间价值为零。

1.5 期权的风险指标

在对期权价格的影响因素进行定性分析的基础上，通过期权风险指标，在假定其他影响因素不变的情况下，可以量化单一因素对期权价格的动态影响。期权的风险指标通常用希腊字母来表示，包括Δ、Γ、θ、υ、ρ等。对于期权交易者来说，了解这些指标，更容易掌握期权价格的变动，有助于衡量和管理部分风险。

(1)Δ：计量标的资产价格变动时，期权价格的变化幅度。

(2)Γ：计量标的资产价格变动时，期权Δ的变化幅度。

(3)θ：计量随着时间的流逝，期权价格的变化幅度。

(4)υ：计量标的资产价格波动率变动时，期权价格的变化幅度。

(5)ρ：计量利率变动时，期权价格的变化幅度。

关于期权的风险指标，会在理论篇用一个章节来专门阐述。

1.6 股票期权的用途

股票期权有多种用途，比起机械地买卖标的股来说，使用期权可以用“巧妙”二字形容。

(1)股票期权提供了一种在标的股投资中无法实现的非对称收益模式。

(2)相比直接在股票市场持有股票，股票期权允许持有者在更为优惠的保证金限制下持有股票头寸。

(3)股票期权可提供股票和债券无法享受的税收优惠。

(4)股票期权可以视为有关市场预期的一种信息来源。

当然，还不止这些。随着阅读的深入，可以更多地了解股票期权“巧妙”之处。总的来说，它会使当前的股票的估价模式被迫改变。对于普通投资者，个股期权的出现是几十年一遇的机遇。

投资不需要对这些基础知识死记硬背，甚至也不必完全理解。只要经过一定的策略实践和实战，再回来看这些内容，就会透彻地领悟其中的要领。因此，本书的重点是股票期权技术在具体情境中的应用，而把理论研究放在后面，作为补充内容。

请熟记股票期权中的常用符号及其含义(见表1-1)。

表1-1　常用符号含义

符　号	含　义
V_t	代表t时刻组合的价值
τ	初始交易日t到到期日T的剩余期限，即$\tau=T-t$
K	期权的行权价格或执行价格
C	买入期权(看涨期权或认购期权)(欧式或美式)的价值
C_E	欧式买入期权(看涨期权或认购期权)的价值
C_{US}	美式买入期权(看涨期权或认购期权)的价值
P	卖出期权(看跌期权或认沽期权)(欧式或美式)的价值
P_E	欧式卖出期权(看跌期权或认沽期权)的价值
P_{US}	美式卖出期权(看跌期权或认沽期权)的价值
$C(S_t,T-t,K)$	股票S的买入期权(看涨期权或认沽期权)(欧式或美式)在t时刻的价值，期权距到期日的时间为$T-t$，行权价格为K
$P(S_t,T-t,K)$	股票S的卖出期权(看跌期权或认沽期权)(欧式或美式)在t时刻的价值，期权距到期日的时间为$T-t$，行权价格为K

1.7 关于期权开户的参考知识

期权如彩票，没有还"本"一说。因此，初期准入条件可谓严苛。

1. 个股期权交易商开户流程

个股期权交易商开户流程如图 1－1 所示。

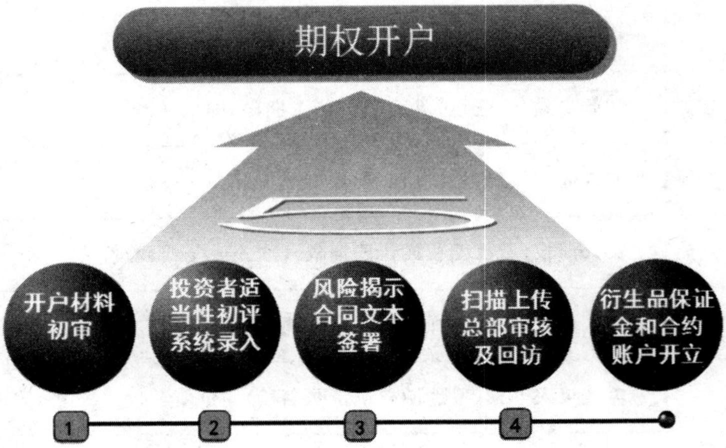

图 1－1 个股期权交易商开户流程

2. 自然人投资者开立期权交易账户条件

(1)风险测评为高风险承受能力；

(2)投资者适当性综合评估得分在 90 分以上；

(3)在欲开户公司指定交易 6 个月以上并且具有融资融券业务参与资格或者金融期货交易经历(这条随着一码通的实施会有所变更)；

(4)申请开户时在交易商托管的证券市值与资金账户可用余额(不含通过融资融券交易融入的证券和资金)合计不低于人民币 50 万元；

(5)具备期权基础知识，并通过证券交易所认可的相关测试(自然人投资者本人应当参加测试，不得由他人替代）；

（6）具备与其拟申请的交易权限级别相匹配的期权模拟交易经历；

（7）无严重不良诚信记录和法律、法规、规章和证券交易所业务规则禁止或者限制从事期权交易的情形；

（8）证券交易所或公司规定的其他条件。

3. 普通机构投资者开立期权交易账户条件

（1）风险测评为高风险承受能力；

（2）申请开户时在其交易商托管的证券市值与资金账户可用余额（不含通过融资融券交易融入的证券和资金）合计不低于人民币100万元；

（3）上一季度末净资产不低于人民币100万元；

（4）由授权委托书指定的机构指定下单人应代表该机构通过证券交易所认可的期权投资者知识测试（通过该机构开设的账户）；

（5）该机构拥有相应的模拟交易经历（参照自然人投资者期权模拟交易经历和交易权限级别匹配原则核定该机构交易权限级别）；

（6）无严重不良诚信记录和法律、法规、规章和证券交易所业务规则禁止或者限制从事期权交易的情形；

（7）证券交易所或公司规定的其他条件。

注：普通机构投资者没有指定交易6个月以及融资融券或金融期货交易经历要求。

4. 专业机构投资者开户

下列专业机构投资者参与期权交易，不对其进行适当性管理综合评估：

（1）商业银行、期权经营机构、保险机构、信托公司、基金管理公司、财务公司、合格境外投资者等专业机构及其分支机构；

（2）证券投资基金、社保基金、养老基金、企业年金、信托计划、资产管理计划、银行及保险理财产品，以及由第一项所列专业机构担任管理人的其他基金或委托投资资产；

（3）监管机构及证券交易所规定的其他专业机构投资者。

5. 期权模拟交易

投资者应具备与其拟申请的交易权限级别相匹配的期权模拟交易经历。

（1）一级投资者：应当具备备兑开仓、保险策略（持有标的证券情况下买入认沽期权）和对应的平仓、行权模拟交易经历；

（2）二级投资者：除具备申请一级交易权限所应具备的模拟交易经历外，还应当具备买入开仓和对应的平仓、行权模拟交易经历；

（3）三级投资者：除具备申请二级投资者所应具备的模拟交易经历外，还应当具备保证金卖出开仓和对应的平仓模拟交易经历。

提醒：期权模拟交易中，行权日每月仅一次（第四个星期三）。

6. 期权开户考试简介

（1）考试分为一、二、三级。拟申请一级交易权限的，应参加并通过一级考试。拟申请二级交易权限的，应至少参加并通过一级、二级考试。拟申请三级交易权限的，应至少参加并通过一级、二级、三级考试。

（2）考试时间为30分钟。

（3）考试内容和知识测试例题可以参照本书。

7. 自然人开户材料准备

（1）本人身份证件（包含身份证、护照或其他证明本人身份的法定身份证件，以下统称有效身份证件）及其复印件；

（2）本人同名证券账户信息；

（3）本人银行账户卡原件及复印件；

（4）与投资者适当性综合评估相关的各种证明材料，包括学历证明文件、金融期货投资经验（期货公司盖章确认的能显示其有金融期货交易记录的结算单）等证明材料；

（5）期权交易商要求的其他材料。

8. 普通机构投资者开户材料准备

（1）授权委托书（加盖公章、法定代表人章）；

（2）授权代理人有效身份证明文件及复印件；

（3）法人同名证券账户信息及银行账户信息；

（4）《企业法人营业执照（副本）》原件及其复印件（加盖公章）；

(5)《组织机构代码证(副本)》原件及复印件(加盖公章);

(6)法定代表人证明书(加盖公章)、法定代表人有效身份证明文件及复印件;

(7)加盖公章的上一季度资产负债表;

(8)期权交易商要求的其他材料。

初期,期权开户门槛较高,当然也是为了防范风险。随着时间的推移,市场的历练,这些具体要求会发生显著的变化。

芝加哥期权交易所现场

漫画

期权的杠杆作用

读书驿站

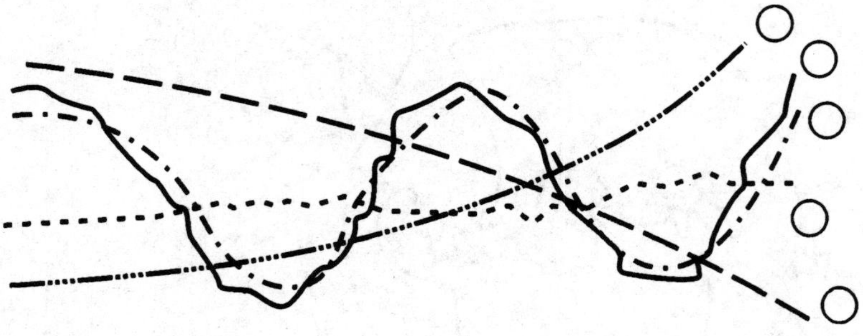

请看图中的增长率曲线，试着在图上的○中填上编号。

○中可填入的选项如下：

(1)宏观经济；

(2)强周期行业，如钢铁，水泥；

(3)弱周期行业，如天然气供应站；

(4)夕阳行业，如黑白电视机；

(5)成长行业，如触摸屏生产。

注：这个问题虽然和股票期权没有直接关系，但和股票有关系，而股票期权的价值和标的股密切相关。

实 战 篇

宏图大计，必须使用严谨的策略才能实现。

第2章
单一期权交易策略

17世纪荷兰的郁金香炒作事件

纵观期权发展史，不得不提起17世纪荷兰的郁金香炒作事件。

众所周知，郁金香是荷兰的国花。早在17世纪的荷兰，郁金香就是贵族社会身份的象征，这使得大量的批发商出售远期交割的郁金香以获取利润。同时，为了降低风险，确保利润，批发商又从郁金香种植者那里购买期权，即在一个特定的时期内，按照一个预定的价格，从种植者那里购买郁金香。而当郁金香的需求扩大到世界范围时，又出现了一个郁金香球茎期权的二级市场。

随着郁金香价格的持续上涨，荷兰上至王公贵族，下到平民百姓，都开始变卖他们的全部财产用于炒作郁金香和郁金香球茎。

1637年,郁金香的价格已经涨到了骇人听闻的水平。与上一年相比,郁金香总张幅高达5 900%!1637年2月,一株名为"永远的奥古斯都"的郁金香售价更是高达6 700荷兰盾,这笔钱足以买下阿姆斯特丹运河边的一幢豪宅,而当时荷兰人的平均年收入只有150荷兰盾。随后荷兰经济开始衰退,郁金香市场也在1637年2月4日突然崩溃。一夜之间,郁金香球茎的价格一泻千里。许多出售看跌期权的投机者没有能力为他们要买的标的付款,虽然荷兰政府发出紧急声明,认为郁金香球茎价格无理由下跌,劝告市民停止抛售,但这些努力毫无用处。仅仅一个星期后,郁金香的价格已平均下跌了90%,大量合约的破产又进一步加剧了经济的衰退。绝望之中,人们纷纷涌向法院,希望能够借助法律的力量挽回损失。但在1637年4月,荷兰政府决定终止所有合同,禁止投机式的郁金香交易,从而彻底击破了这次历史上空前的经济泡沫。毫无疑问,这样的事情损害了期权在人们心目中的形象,直至100多年后,伦敦期权交易也依然被认为不合法。

先以买入期权为例,看看期权交易的过程中,到底发生了什么?

初始交易:买入期权的买方支付期权价格给卖方(期权的出售者,我们国家市场的卖方是坐市商),并持有期权。

做市商(market maker)和坐市商是同义词,是指在期权市场上,由具备一定实力和信誉的独立证券经营法人作为特许交易商,不断向普通投资者报出某些特定证券的买卖价格(即双向报价),并在该价位上接受公众投资者的买卖要求,用其自有资金和证券与投资者进行证券交易。买卖双方不需等待交易对手出现,只要有做市商出面承担交易对手方就可以实现交易。

做市商通过这种不断买卖来维持期权市场的流动性,满足普通投资者的投资需求。做市商通过买卖报价的适当差额来补偿所提供服务的成本费用,并实现自身一定的利润。

这个初始交易的时间,可记为t。

持有期间:从t开始,一直到期权到期日T的这个过程,记为$t-T$。投资人未必一定要等到期权到期日来行权。在$t-T$期间内,可以通过交易市场卖出平仓。

行权日,也就是期权到期日,记为T。如果买方必定行权,他将支付行权价格和买入期权交给卖方,相应地,卖方交割标的股给买入期权的买方。如果买方决定不执行期权,那么双方可以不需要采取任何行动。

具体的交易，如图 2-1～图 2-4 所示，和买入卖出普通的股票一样简单。但是，为了交易要达到一定的安全边际，必须了解各种期权交易的策略。

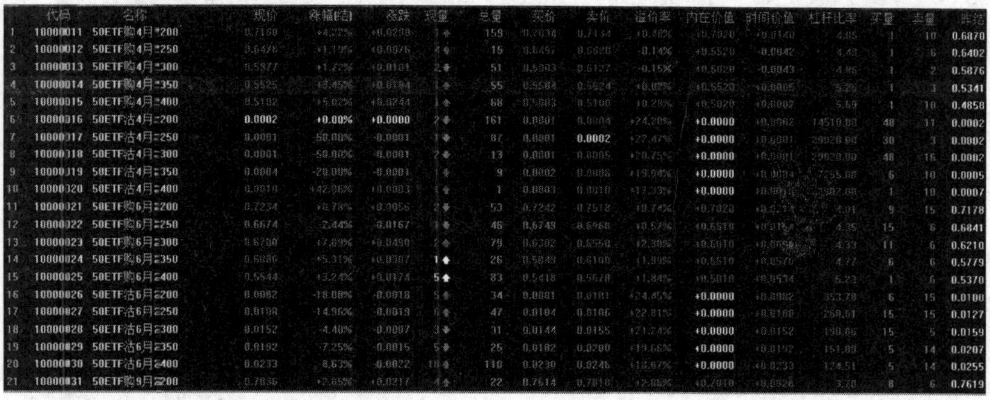

图 2-1　50ETF 期权行情列表

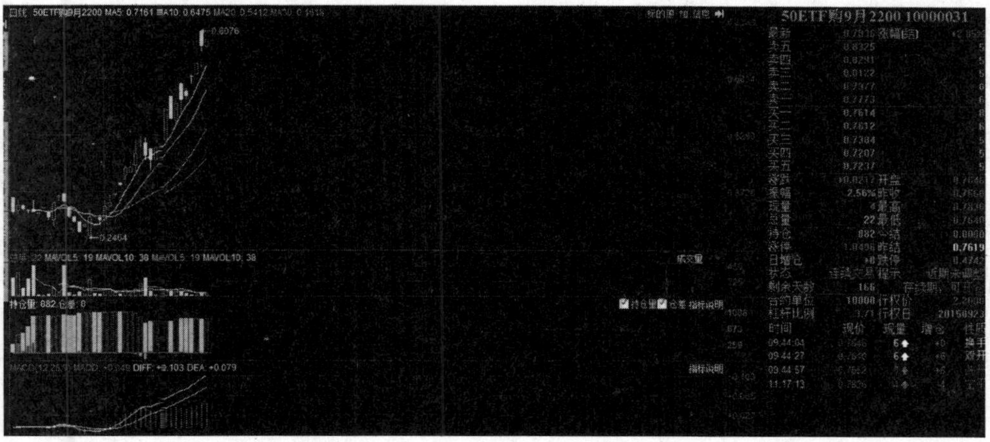

图 2-2　50ETF 认购期权 9 月 K 线图

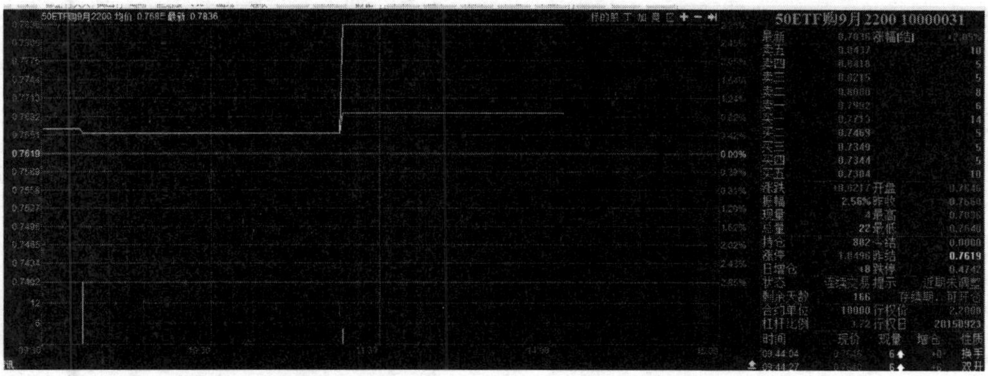

图 2-3　50ETF 认购期权 9 月分时图

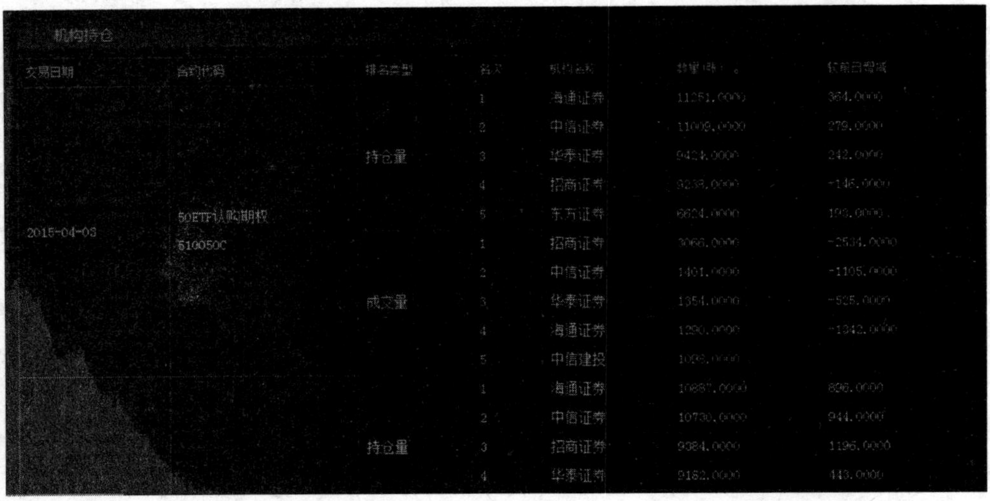

机构持仓

交易日期	合约代码	排名类型	名次	机构名称	数量(张)	较前日增减
2015-04-03	50ETF认购期权 510050C	持仓量	1	海通证券	11251.0000	364.0000
			2	中信证券	11009.0000	279.0000
			3	华泰证券	9424.0000	242.0000
			4	招商证券	9238.0000	-146.0000
			5	东方证券	6624.0000	193.0000
		成交量	1	招商证券	3066.0000	-2534.0000
			2	中信证券	1401.0000	-1105.0000
			3	华泰证券	1354.0000	-525.0000
			4	海通证券	1290.0000	-1342.0000
			5	中信建投	1056.0000	
		持仓量	1	海通证券	10887.0000	836.0000
			2	中信证券	10730.0000	944.0000
			3	招商证券	9384.0000	1196.0000
			4	华泰证券	9162.0000	443.0000

图 2-4　50ETF 认购期权 9 月,4 月某一天的持仓量和成交量

2.1　买入买入期权策略

买入买入期权(看涨期权)是一种最常见的策略。既看好一只股票,又不想承担买入后的下跌风险。这时,投资者以买入买入期权(看涨期权)来实现这个意图。

【例 2-1】

以 3 月份的 A 股股票 6012×8 的买入期权为例,股价 $S=10.5$ 元,行权价格 $K=10$ 元,看涨期权报价 $C=0.7$ 元,合约规模为 10。表 2-1 列出在到期日以 0.7 元购买的买入期权的投资者的总盈利和净利润。

表　2-1　　单位:元

股票价格	总利润	净利润	每张合约的净利润
9.0	0	−0.7	−7
9.5	0	−0.7	−7

续表

股票价格	总利润	净利润	每张合约的净利润
10	0	−0.7	−7
10.5	0.5	−0.2	−2
10.7	0.7	0	0
11	1	0.3	3
11.5	1.5	0.8	8
12	2	1.3	13

由表 2-1 可知，损益平衡点的股价为 10.7 元。若用图形来表现，则如图 2-5 所示，横轴为股价 S_T，纵轴为期权价值 C_T，用虚线表示期权变化中的总利润，用前段平行横轴，后段为 45°的折线表示变动中期权的净利润。

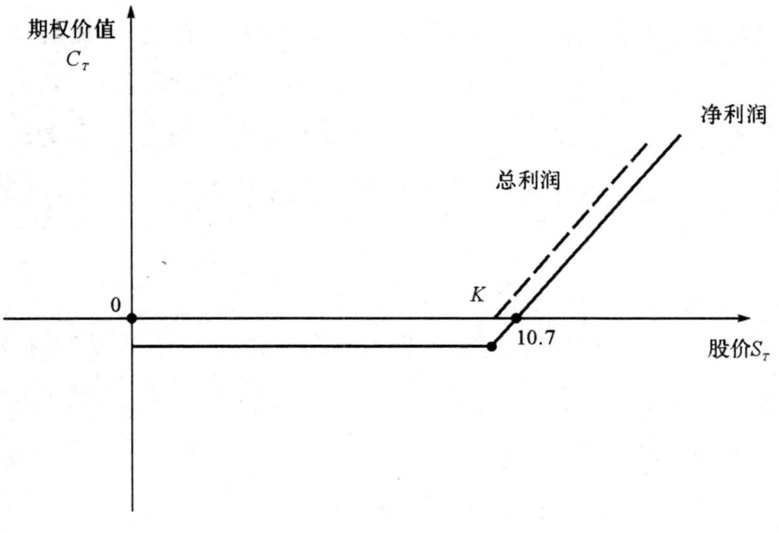

图 2-5　到期时看涨期权持有者获得的净利润

由图 2-5 可知，当股价到 10.70 元时，股价和执行价的差，即 $S-K=10.70-10=0.70$元，减去期权费 0.7 元，损益平衡。高于 10.70 元时开始获利，净利润$=S_T-10.70$。股价低于执行价时的损失总是等于期权费 0.7 元，而股价在 10～10.70 元时，损失为

$$0.7-(S_T-K)$$

结论：买入买入期权策略最多损失期权费，而理论上的获利空间是无限大的。这就是所谓的，有限责任，无限权利。当然，期权是个零和博弈，买入期权的买方净利润，刚好等于买入期权卖方的净损失。

注：总利润是指没有考虑期权费时的利润，即 $\max(S_T-K,0)$ 或 $\max(K-S_T,0)$。

2.2 卖出买入期权策略

现实中，卖出买入期权(看涨期权)这个实战交易不容易实现。因为市场往往不是很完善，限制较多，如不能裸卖空，即只能将之前买入的买入期权(看涨期权)平仓卖出，在没有买入期权(看涨期权)持仓的前提下是不可做卖出交易的。还有一种限制，就是和投资者所持有的标的股的数量挂钩。举例来说，如果您手上持有 10 000 股 600519 贵州茅台的股票，那么只能卖出贵州茅台的买入期权，而且所卖出的合约规模不能超过 10 000 股的可卖数量。这样，期权到期时才不至于违约，才有足够数量的股票可以交付给买入期权的行权人。然而，市场因对手而存在。一定有买入期权的卖方，市场上才有交易。

那么，什么情况下使用卖出买入期权(看涨期权)策略呢？当预期股价下跌时，可选择卖出买入期权。

【例 2-2】

以 3 月份的 A 股股票 00043× 的买入期权为例。股价 $S=10.5$ 元，行权价格 $K=10$ 元，看涨期权报价 $C=0.7$ 元，合约规模为 10。表 2-2 列出在到期日以 0.7 元卖出买入期权的投资者的总利润和净利润。

表 2-2 单位：元

股票价格	总利润	净利润	每张合约的净利润
9.0	0	0.7	7
9.5	0	0.7	7

续表

股票价格	总利润	净利润	每张合约的净利润
10	0	0.7	7
10.5	−0.5	0.2	2
10.7	−0.7	0	0
11	−1	−0.3	−3
11.5	−1.5	−0.8	−8
12	−2	−1.3	−13

从表 2-2 可以看出，股价小于 10 元时，盈利总是 7 元；当股价刚好为 10.70 元时，盈亏平衡；当股价大于 10.70 元时，卖出买入期权的投资者开始亏损，如图 2-6 所示。

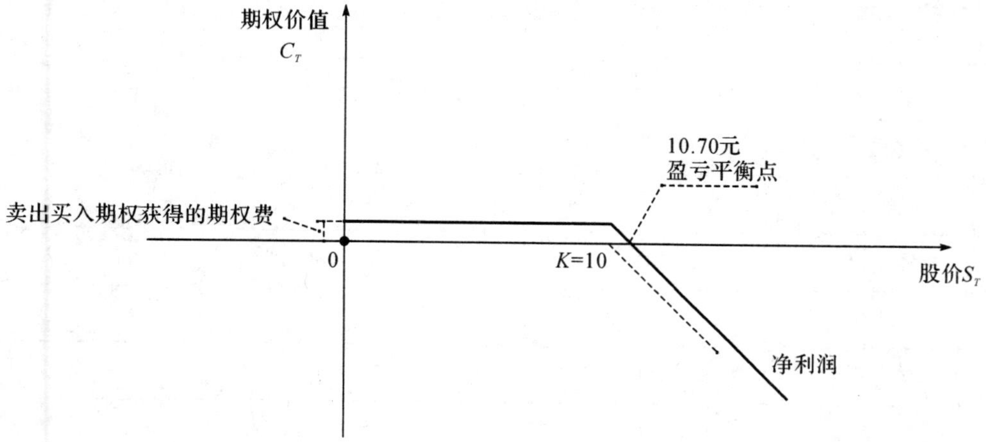

图 2-6　到期时看涨期权的卖方获得的净利润

不难看出，卖出买入期权策略的收益是有限的，就是期权费；而亏损可能是无限的，股价越高亏损越多，理论上的可能亏损是无限的。当股价大于盈亏平衡点 10.70 元时，净损失为 $S_T-10.70$。所以，卖出买入期权（看涨期权）这个策略要慎用。

如果投资者手中有标的股，并且想通过卖出对应的买入期权获取投资收益，这种做法称为备兑开仓策略。

2.3 买入卖出期权策略

投资者买入卖出期权(看跌期权)以保护手上的股票,在下跌行情中不至于亏损。

【例 2-3】

以 3 月份的 A 股股票 60082× 的卖出期权为例。股价 $S=10.5$ 元,行权价格 $K=10$ 元,看跌期权(卖出期权)报价 $P=0.5$ 元,合约规模为 10。表 2-3 列出在到期日以 0.5 元买入卖出期权的投资者的总利润和净利润。

表 2-3 单位:元

股票价格	总利润	净利润	每张合约的净利润
8.0	2.0	1.5	15
8.5	1.5	1.0	10
9.0	1.0	0.5	5
9.5	0.5	0	0
10.0	0	−0.5	−5
10.5	0	−0.5	−5
10.7	0	−0.5	−5
11.0	0	−0.5	−5

由表 2-3 可知,盈亏平衡点的股价为 9.5 元。

如图 2-7 所示,应该指出的是,因为股票是一种有限责任的金融工具,它的价格不可能为负。所以,卖出期权(看跌期权)的卖出方只会承担有限损失,就是股价为 0 的情形。这时的净损失为执行价 $K-S=K-0=K$;同时,卖出期权(看跌期权)的买入方也只有有限利润,净利为 $K-S=K-0=K$。以例 2-3 为例,卖方最大损失为$(K-S_T-P)\times$合约规模$=(10-0-0.5)\times10=95$ 元。同理,买入卖出期权者的最大净利润也是 95 元。

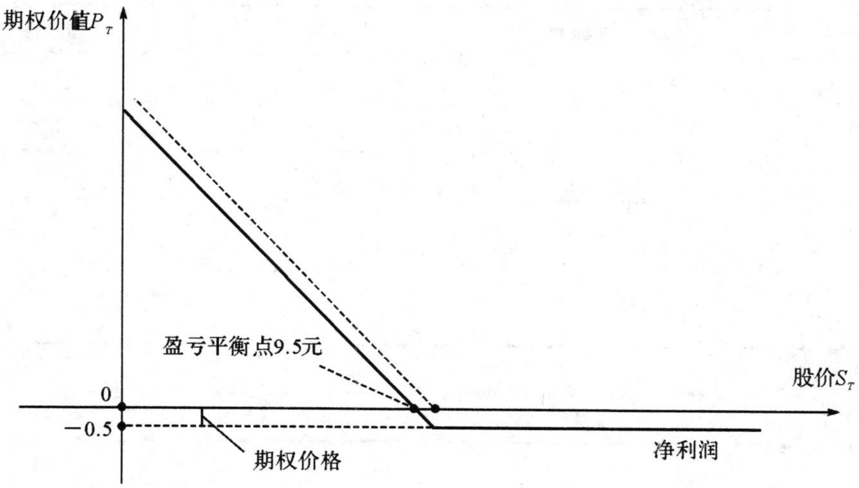

图 2-7　到期时看涨跌期权持有者的净利润的轨迹

结论：当预期股价会下跌时，可以采取买入卖出期权（看跌期权）这一策略。

如果手中有标的股且长期看好，为了防范短线下跌风险而买入看跌期权，称为保险策略。

2.4　卖出卖出期权策略

与卖出买入期权（看涨期权）一样，市场会对卖出卖出期权（看跌期权）有一定的限制。所不同的是，不要求卖出方持有股票，而是要有足够的保证金来承接买入卖出期权（看跌期权）方，行权时所卖出股票的金额。

当然也允许现金交割差价。

【例 2-4】

以 3 月份的 A 股票 00043× 的卖出期权为例。股价 $S=10.5$ 元，行权价格 $K=10$ 元，看跌期权（卖出期权）报价 $P=0.5$ 元，合约规模为 10。表 2-4 列出在到期日以 0.5 元卖出卖出期权的投资者的总利润和净利润。

表 2-4 单位:元

股票价格	总利润	净利润	每张合约的净利润
8.0	-2.0	-1.5	-15
8.5	-1.5	-1.0	-10
9.0	-1.0	-0.5	-5
9.5	-0.5	0	0
10.0	0	0.5	5
10.5	0	0.5	5
10.7	0	0.5	5
11.0	0	0.5	5

如图 2-8 所示,卖出卖出期权(看跌期权)方的净损失,刚好等于买入卖出期权(看跌期权)方的净利润。

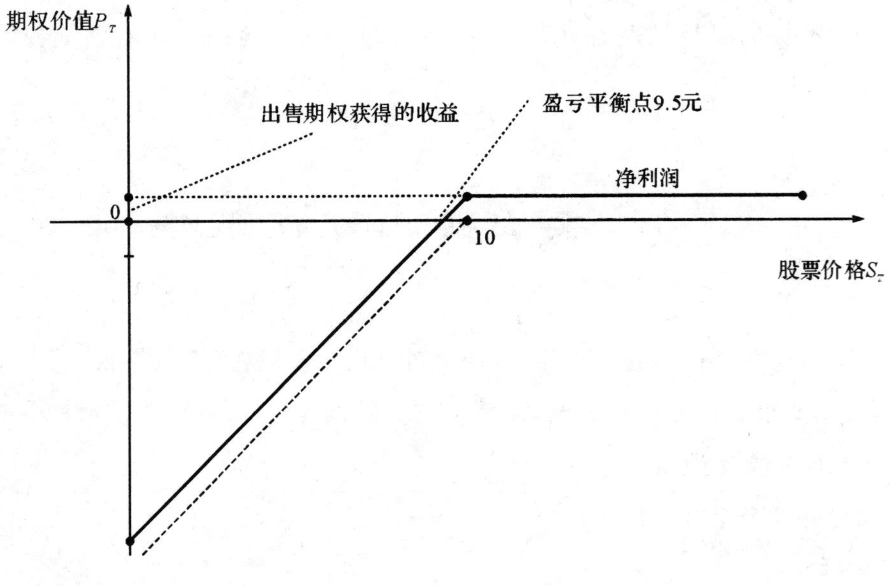

图 2-8 到期时看跌期权的卖方的净利润

结论：预期一段时间后股价会上升，可使用卖出卖出期权（看跌期权）策略。当股价上升时，这个策略的结果是获得有限收入，即卖出期权费的收益；但当股价下跌时有较大损失，和卖出买入期权（看涨期权）一样，卖出卖出期权（看跌期权）策略也必须慎用。

2.5 不同的期权交易指令

当前，交易所提供了6种买卖类型，包括买入开仓、卖出平仓、卖出开仓、买入平仓，备兑开仓以及备兑平仓，申报价格最小变动单位为0.001元人民币。

(1)买入开仓，即投资者买入期权。

(2)卖出平仓，即投资者卖出之前买入的期权了结头寸。

(3)卖出开仓，即投资者卖出个股期权。和买入开仓享有权利不同，卖出开仓意味着需要背负相应义务。因此，买入开仓仅需支付期权权利金，而卖出开仓则需要投资者缴纳足额保证金才能开仓，即

$$\text{认购期权初始保证金}=[\text{前结算价}+\max(M\times\text{合约标的前收盘价}-\text{认购期权虚值},\ N\times\text{合约标的前收盘价})]\times\text{合约规模}$$

$$\text{认沽期权初始保证金}=\min[\text{前结算价}+\max(M\times\text{合约标的前收盘价}-\text{认沽期权虚值},N\times\text{行权价}),\text{行权价}]\times\text{合约规模}$$

其中，认购期权虚值＝max(行权价－合约标的前收盘价，0)，认沽期权虚值＝max(合约标的前收盘价－行权价，0)。

为了规避期权卖方的违约风险，卖出的头寸在每日收盘后，保证金账户里的资金不得少于维持保证金的规定数额，维持保证金的计算公式为

$$\text{认购期权维持保证金}=[\text{结算价}+\max(M\times\text{合约标的收盘价}-\text{认购期权虚值},\ N\times\text{合约标的收盘价})]\times\text{合约规模}$$

$$\text{认沽期权维持保证金}=\min[\text{结算价}+\max(M\times\text{合约标的收盘价}-\text{认沽期权虚值},\ N\times\text{行权价}),\text{行权价}]\times\text{合约规模}$$

其中，认购期权虚值＝max(行权价－合约标的收盘价，0)，认沽期权虚值＝max(合约标的收盘价－行权价，0)。

根据期权证券交易所规定，对于股票期权，$M=25\%$，$N=10\%$是最低保证金收取标准，而对ETF期权，$M=15\%$，$N=7\%$。期权交易商会根据自身情况调整这两个参数，但不能低于期权交易所的收取标准。

(4)买入平仓，即通过买入之前卖出的个股期权来冲销相应义务，这时交易所会释放对应的保证金。

(5)备兑开仓，即投资者在拥有标的证券的基础上预期股票价格变化较小或者小幅上涨，卖出该股票的认购期权，从而获取权利金的操作。与卖出开仓不同的是，百分之百现券担保，不需现金保证金。

(6)备兑平仓，指投资者持有备兑持仓头寸时，申请买入相应期权，将备兑头寸平仓的操作。

2.6 开仓保证金计算(选读)

1. 买入开仓保证金的计算方法

买入开仓保证金的计算公式为

买入看涨(看跌)期权开仓保证金＝期权成交价×期权合约的规模×手数

【例2-5】

投资者柳先生观察到0005×8泸州酒业的6月卖出期权的卖出价是1.618元，合约规模为每张5 000，执行价格$K=25$元。由于股价在短期内已经连续上涨，柳先生认为未来几个月股价调整的可能性偏大。所以，他决定买入3手合约以对冲持股风险：

开仓保证金＝1.618×5 000×3＝24 270(元)

柳先生支付24 270元后就得到了6月以25元卖出15 000股0005×8的权利。当然，也可以在此之前将卖出期权高于买入价格1.618元获利平仓卖出。

以上没有考虑交易成本，实际上期权交易所有更加具体的要求，关于开仓初始保证金和维持保证金。

2. 卖出开仓保证金的计算方法

卖出开仓，即投资者卖出个股期权。和买入开仓享有权利不同，卖出开仓意味着需要背负相应义务。因此，买入开仓仅需支付期权权利金，而卖出开仓则需要投资者缴纳足额保证金才能开仓。

期权投资人保证金账户中的保证金可分为两部分：交易保证金＋结算准备金。交易保证金直接参与仓位头寸的初始建立和维持，结算准备金是除了交易保证金以外的多余资金，以备每日无负债结算。当结算准备金低于0时（即交易保证金不足），个股期权投资人将收到保证金催缴电话（margin call），如果不能按时补充足额保证金，会面临现有部分或所有仓位头寸被强行平仓的风险。

具体来说，当投资者出现下列情形之一时，结算公司、期权交易所有权对其相关持仓进行强行平仓：

（1）结算准备金余额小于零，且未能在规定时间内（次一交易日上午11：30前）补足；

（2）因违规、违约被期权交易所和结算公司要求强行平仓；

（3）根据交易所的紧急措施应予强行平仓；

（4）应予强行平仓的其他情形。

其中第（1）种情况是投资者平时最常见的被强行平仓的情形。

因第（1）、（2）种情形强行平仓的，期权公司自行确定对客户平仓的执行，并遵循以下原则：

（1）先平期权义务仓，再平期权权利仓；

（2）先平期权投机仓，再平期权套保仓；

（2）先平期权合约，再平现货担保品；

（3）先平需要保证金多的、持仓量大的以及近月流动性好的合约；

（4）强行平仓执行到客户的担保品足够担保期权合约为止。

由于行情涨跌停板限制等其他市场原因，有关持仓的强行平仓当日无法全部完成的，剩余强行平仓数量可以顺延至下一交易日继续执行（但当日不足部分的交易保证金由期货公司垫付，再向客户追缴），并仍按照上述平仓原则执行，直至符合期权交易所规定。

投资人个股期权保证金账户当日结算准备金＝上一交易日结算准备金＋当日入金－当日出金－当日新开合约占用保证金＋当日平仓释放的保证金＋权利金收入－权利金支出－相关费用

期权交易所交易系统前端动态控制上述数据，这里没有包括相关费用计算。

看涨期权初始保证金＝[前结算价＋max(M×合约标的前收盘价－认购期权虚值，N×合约标的前收盘价)]×合约规模

看跌期权初始保证金＝min[前结算价＋max(M×合约标的前收盘价－看跌期权虚值，N×行权价)，行权价]×合约规模

其中，看涨期权虚值＝max(行权价－合约标的前收盘价，0)，看跌期权虚值＝max(合约标的前收盘价－行权价，0)。

为了规避期权卖方的违约风险，卖出的头寸在每日收盘后，保证金账户里的资金不得少于维持保证金，维持保证金的计算公式如下：

看涨期权维持保证金＝[结算价＋max(M×合约标的收盘价－看涨期权虚值，N×合约标的收盘价)]×合约规模

看跌期权维持保证金＝min[结算价＋max(M×合约标的收盘价－看跌期权虚值，N×行权价)，行权价 K]×合约规模

其中，看涨期权虚值＝max(行权价－合约标的收盘价，0)，看跌期权虚值＝max(合约标的收盘价－行权价，0)。

根据当前现状，期权交易所规定，M＝25％，N＝10％是最低保证金收取标准，期权交易中间商会根据自身情况调整这两个参数，但不能低于期权交易所规定的收取标准。

买入个股期权，不论是看涨期权还是看跌期权，都不存在违约问题，相对简单。现在，就通过例题来看卖出开仓的保证金是如何计算的。

【例 2－6】

最初投资者期权保证金账户的余额为 0 元。

假设他不太看好中国寿保今年 3 月份的股价走势，于是卖出中国寿保的看涨期权。他想卖出 1 张合约规模为 1 000、行权价格为 40 元、3 月到期的中国寿保看涨期权。首先他要在期权保证金账户里面存入足够保证金。如果按照期权交易所的最低标准，期权的前结算价为 1.003 元，合约标的前收盘价为 38.53 元，认购期权虚值为 max(40－38.53，0)＝1.47 元，则保证金账户里需缴纳的初始保证金为[1.003＋max(25％×38.53－1.47，10％×38.53)]×1 000＝9 165.5 元。

他向保证金账户里面存入 9 165.5 元，然后以当前市场价格 1.143 元卖出 1 张期权合

约，获得 1.143×1 000=1 143 元权利金，卖出时中国寿保股票的市场价格为 39.03 元。投资者保证金账户中的保证金可分为两部分：交易保证金+结算准备金，则交易保证金为 9 165.5元，结算准备金为 1 143 元。交易完成后投资者期权保证金账户的余额为 10 308.5 元，即 9 165.5+1 143=10 308.5 元。

请注意，这只是交易刚刚完成时，为了规避期权卖方的违约风险，卖出的头寸在每日收盘后，保证金账户里的资金不得少于维持保证金的规定数额。如果当天收盘时，期权价格为 1.169 元，中国寿保股票市场价格为 39.97 元，则维持保证金为[1.169+max(25%×39.97-max(40-39.97,0)，10%×39.97)]×1 000=1 1131.5 元。他的保证金账户里只有开仓时的 10 308.5 元，则需要再补足 11 131.5-10 308.5=823 元，才能满足维持保证金的需要。

假设他持有卖出的头寸到期，他有以每股 40 元买入股票的义务。到期时，可能发生：股价变动与他预期一致，股价跌至 36.6 元/股，期权不被执行，投资人赚取 1 143 元权利金。但是，股价变动也可能与他的预期相反，股价涨至 43.5 元/股，期权被执行。他需要以市价买入 1 000 股股票，并以 40 元的价格卖给行权方，损失(43.5-40)×1 000=3 500 元，扣除之前权利金的收益 1 143 元，仍然净亏损 2 375 元。而且随着股票价格不断上涨，亏损幅度可能是无限的。

因此，在卖出开仓时，需要缴纳足够的保证金，以保证在买方执行期权时卖方有能力履行合约。卖出开仓风险比较大，不太适合初学者。这些保证金计算规则也会根据情况发生改变。

点滴要领

上述四个策略，看似简单，但实战操作却没那么容易。首先，即使普通的股票交易也有人会把买卖方向搞错，期权交易更容易出现同样的问题，也就是所执行的交易和自己的想法不一致。因为对初学者来说，这些概念是较难理解的。另外，从结果来说，一旦操作失误，产生的损失可能比误操作股票的损失要大。因此，交易时，尤其是初学者，一定要确认好买入和卖出的方向。

另外，这四个交易策略是所有股票期权交易策略的基础。投资者必须反复研读，反复在纸上以图形的形式画出每种交易策略的收益和风险。只有熟练掌握这四种图形，方可入市交易，才能为后面做较复杂的组合策略奠定基础。

(1)为了便于大家理解和记忆，将这四种策略从收益和风险角度进行总结(见表 2－5)。

表 2－5　四种交易策略对比

交易方向	期权的品种	收　益	风　险
买　入	买入期权(看涨期权)	无限大	损失期权费 C_T
	卖出期权(看跌期权)	有限多，即是 K	损失期权费 P_T
卖　出	买入期权(看涨期权)	有限，期权费 C_T	无限大
	卖出期权(看跌期权)	有限，期权费 P_T	有限大，即是 K

(2)买入期权(看涨期权)的买方和卖方的收益分布呈横轴对称，如图 2－9 所示。

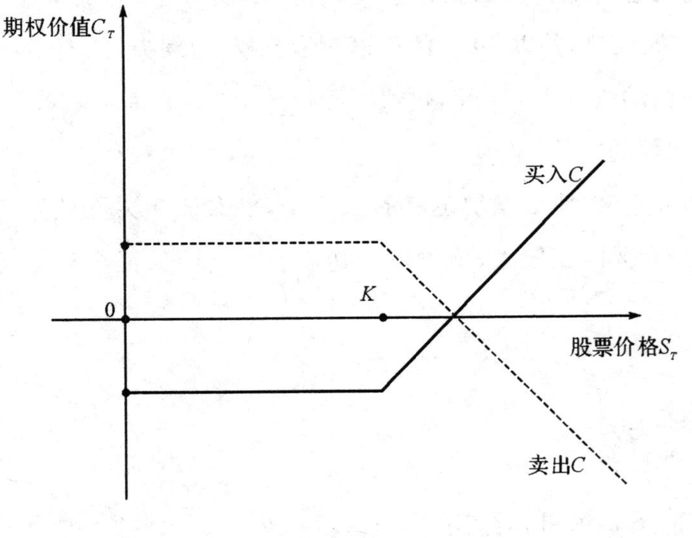

图 2－9　买入和卖出买入期权的投资者的损益对比

(3)卖出期权(看跌期权)的买方和卖方的收益分布呈横轴对称，如图 2－10 所示。

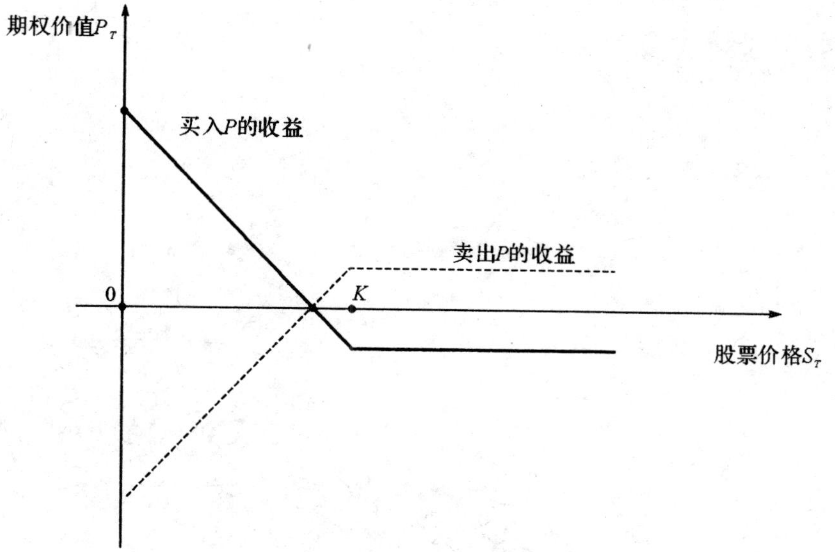

图 2-10　买入和卖出卖出期权的投资者的损益对比

只有准确且熟练掌握了以上三点，投资者才能清楚地知道自己在做什么。

漫 画

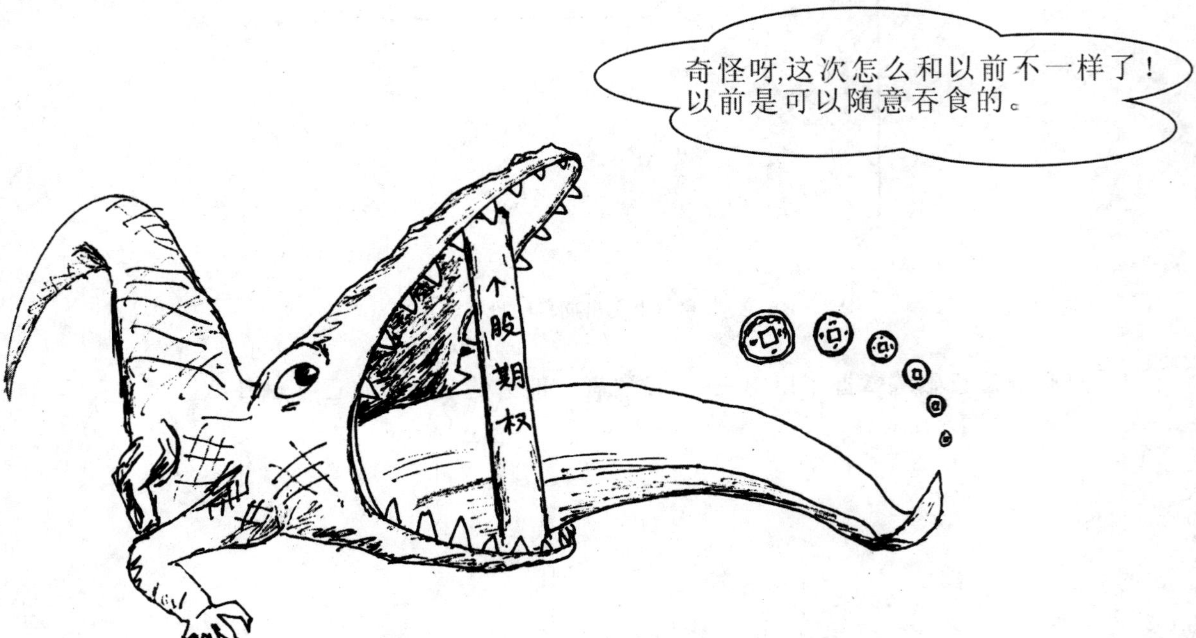

噢卡兮

读书驿站

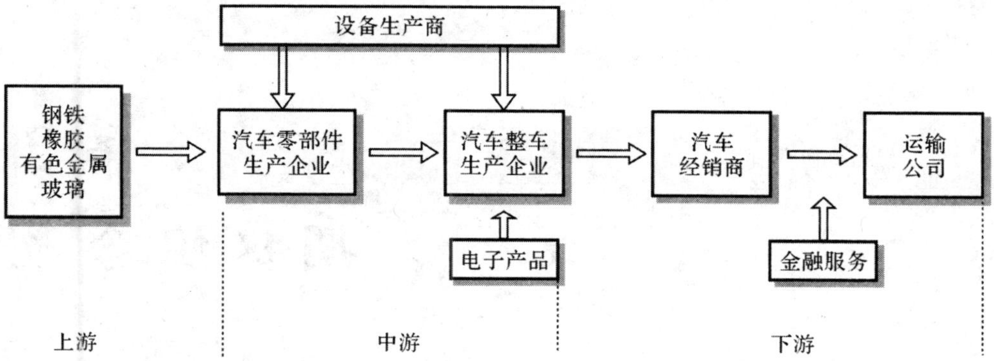

您知道下列①，②，③分别处于汽车产业链中的上游，中游还是下游呢？请在○中填入相应序号。

①客运站　　　　　　　　　　○ 上游产品

②铁矿石　　　　　　　　　　○ 中游产品

③汽车模具修理公司　　　　　○ 下游产品

当经济将要步入景气时节，各产业的上游总是最先获益，股价会率先做出反应。

第3章 期权组合策略

东航期权组合巨亏事件

2008年7月受系列不利消息影响，油价持续暴跌。此时，国际航协统计航空煤油平均价格下降36%。诚然，油价的下跌必然导致航空公司燃油套保头寸亏损。有报告显示，2008年前三季度，全球航空业净亏损升至40亿美元，部分原因是第二季度的套期保值导致第三和第四季度亏损，比如美国航空公司三季度亏损8.63亿美元，其中燃油对冲亏损占4.89亿美元；套保规模较小的美国大陆航空公司三季度确认有6 350万美元的燃油对冲损失。

然而，让人疑惑的是，国内航空公司套保规模普遍较小，遭受的损失却不比国外航空公司小。东航公告显示，截至2008年10月，东航燃油套保头寸亏损18.1亿元，在之后原油价格继续下跌，到 2008 年年底，东航 2008 年全年航油套期保值公允价值损失高达 61.9 亿元。

仲信太富累积期权巨亏 150 亿港元案

2008 年 10 月 21 日下午 5 点，仲信太富在香港同时召开了两场发布会，一场是媒体通气会，另一场是专门针对各大行分析师的说明会。就在当天早上，一条消息震惊全香港：仲信太富外汇期权交易亏损超过 150 亿港元。次日，香港证监会通过其官方网站宣布，正式对仲信太富进行调查。

人们不禁要问：如此巨大的企业，可谓人才济济，到底是什么原因导致惊天亏损！

现在，就让我们学习各种期权组合。学过之后，也可以分析其中原委，也可以防范类似事件的再次发生！

第 2 章中所讲的四种单一期权策略是基础，但是都有点单向投机的性质，本章则深入探讨期权组合的种种巧妙用途。必须指出的是，市场中没有现成的组合可以买卖，投资人须依据自己对未来一段时间市场的预期，通过买卖各种不同的期权，在账户内组成特定的投资组合。

3.1 多头跨式期权组合

买入相同数量、相同期限、同样执行价格的同一标的股的看涨期权和看跌期权，就组合而成多头跨式期权。

该策略的优点：当股票果然向上或向下突破时，投资者就获利了。缺点：期权到期时，如果股票还在原区间徘徊，则投资者损失两份期权费。

【例 3-1】

从 9 月末开始，A 股股票 00206×的价格在 28～30 元波动。投资者坚信股价很快就会脱离这个状态，或者上涨或者下跌。他以 1.15 元的价格购买了 12 月份该股票的买入期权(看涨期权)，行权价格为 29 元，同时以 1.13 元的价格购买了 12 月份该股票的卖出期权(看跌期权),行权价格为 29 元(假设合约规模为 1)。到期时,从策略中获得的收益或损失见表 3-1。

表 3-1　从多头跨式期权组合中得到的收益或损失　　单位:元

到期时 A 股价格	行权价格为 29 元的看涨期权价值	看涨期权的利润/损失	行权价格为 29 元的看跌期权价值	看跌期权的利润/损失	总利润/损失
25.00	0	−1.15	4	2.87	1.72
26.72	0	−1.15	2.28	1.15	0
28.00	0	−1.15	1	−0.13	−1.28
29.00	0	−1.15	0	−1.13	−2.28
30.00	1	−0.15	0	−1.13	−1.28
31.28	2.28	1.13	0	−1.13	0
32.00	3	1.85	0	−1.13	0.72

由表 3-1 可知,损益平衡点为 31.28 元(行权价格加上两个期权的价格)和 26.72 元(行权价格减去两个期权的价格)。如果股价上涨超过 31.28 元,或下跌低于 26.72 元,多头跨式期权持有者就可以获得收益。否则,投资者就会遭受损失。如果到期时,股票价格刚好等于行权价格,就会发生最大的损失(2.28 元)。

图 3-1 所示为直观表示多头跨式期权组合的收益变动情况。

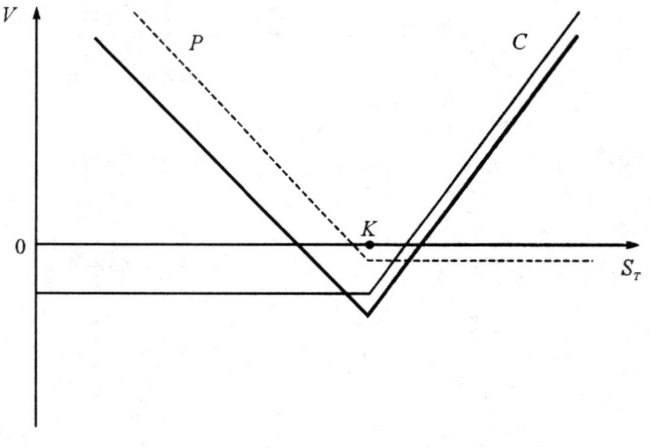

图 3-1　多头跨式期权组合

┈┈卖出期权 P;　——买入期权 C;　——期权组合的价值 V

结论：当投资者认为波动率被低估时，可以构造多头跨式期权组合。

这种个股期权组合策略，也可以称为波动率策略，接下来要讲到的多头宽跨式期权组合也属于这种策略。

3.2 多头宽跨式期权组合

买入相同期限、相同数量、不同执行价格的同一标的股的看涨期权和看跌期权，就得到多头宽跨式期权组合。

一般买入期权的执行价 K_C 高于卖出期权的执行价 K_P，即 $K_C > K_P$。

图 3-2 所示为到期时多头宽跨式期权组合的收益变动情况。

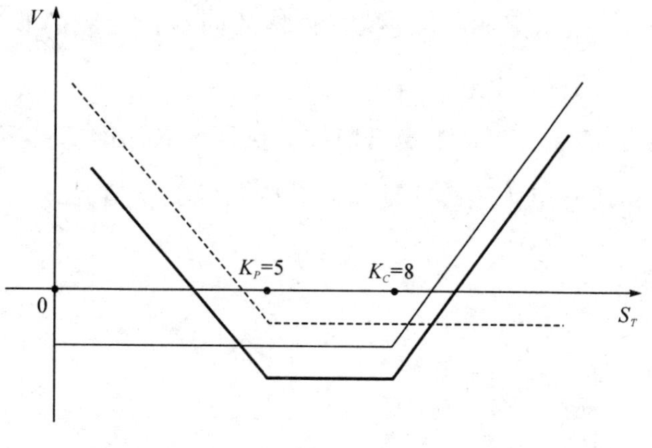

图 3-2　多头宽跨式期权组合的收益

------卖出期权 P；——买入期权 C；——期权组合的价值 V

【例 3-2】

某支股票价格最近在 5～8 元之间波动。投资者坚信股价很快就会脱离这个状态，或者上涨或者下跌。投资者以 0.3 元的价格购买了该股票 3 个月期的看涨期权，行权价格为 8 元，同时以 0.2 元的价格购买了该股票 3 个月期的看跌期权，行权价格为 5 元。到期时，从组合策略中获得的收益或损失如下：

损益平衡点为 8.5 元（看涨期权行权价格加上两个期权的价格）和 4.5 元（看跌期权行权价格减去两个期权的价格）。如果股价上涨到超过 8.5 元，或下跌到低于 4.5 元，宽跨式期权持有者就可以获得收益。否则,投资者就会遭受损失。如果到期时,股票价格位于两行权价格之间,就会发生最大的损失(0.5 元)。

结论:多头宽跨式期权组合向上的收益是无限的,而向下的损失是有限的,因为资产价值不可能低于 0。最大损失是看涨期权和看跌期权的期权价格费用之和,这只有到期时的股票价格处于两个行权价的中间时才能发生。

宽跨式期权组合又叫勒式期权组合,也叫鞍式期权组合。相对于跨式期权组合,宽跨式期权组合可以采用虚值期权,因此期权费用较前者低。

3.3 空头宽跨式期权组合

卖出具有相同期限、相同数量、不同执行价格的同一标的股的看涨期权和看跌期权,就组合而成空头宽跨式期权组合。

一般买入期权的执行价 K_C 高于卖出期权的执行价 K_P,即 $K_P < K_C$。

图 3-3 所示为到期时空头宽跨式期权组合的收益变动情况。

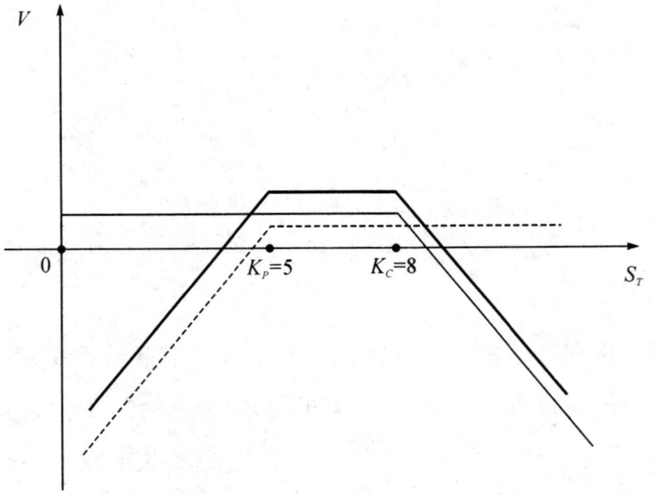

图 3-3 空头宽跨式期权组合的收益

------卖出期权 P; ——买入期权 C; ——期权组合的价值 V

【例 3－3】

某支股票价格最近在5～8元之间波动。投资者坚信未来3个月股价仍会处于这个区间，不会大幅上涨或者下跌。投资者以0.3元的价格出售了该股票3个月期的看涨期权，行权价格为8元，同时以0.2元的价格出售了该股票3个月期的看跌期权，行权价格为5元。到期时，从策略中获得的收益或损失如下：

损益平衡点为8.5元(看涨期权行权价格，加上两个期权的价格)和4.5元(看跌期权行权价格，减去两个期权的价格)。如果股价上涨到超过8.5元，或下跌到低于4.5元，空头宽跨式期权持有者就会遭受损失。如果到期时，股票价格位于两行权价格之间，则投资者将获利(0.5元)。

结论：空头宽跨式期权组合向上收益是有限的，等于看涨期权和看跌期权的期权价格之和，这只有当到期时股票价格处于两行权价之间时才发生。股价向下突破时的损失较大，股价向上突破时损失可能是无限的。

跨式期权空头和宽跨式期权空头类似，但成功的概率要比后者小，读者可以思考一下其中的道理。

注：宽跨式期权组合和跨式期权组合被认为是预期标的股价格将有大幅度的上涨或大幅度的下跌，但没有明显的向上或向下趋势时，所采用的策略的典型代表。其实，这种观点不够准确，也容易产生误解。因为如果投资者认同这种看法，为了反映这个立场，期权价格可能会提高。合理的表达应该是，感觉单个股票将比市场预期波动得更加剧烈，即人们低估了未来的波动率，这时投资者采用宽跨式期权和跨式期权多头策略；而感觉单个股票波动将低于市场预期波动率，即认为人们高估了未来的波动率，这时投资者会采用宽跨式期权和跨式期权空头策略。

事实上，买入或卖出宽跨式期权和跨式期权组合，就是为了同时有效防范单个股票上涨风险和下跌风险而购买的一种保护。有人戏称，买期权就是给自己的股票买个保险。关于所谓的保险，有动态保险和静态保险，我们在后面的章节里会作一些具体的讨论。

3.4 牛市看涨差价期权组合

对于同一个标的股，相同的到期期限，买入一个行权价较低(K_1)的看涨期权，同时卖出一个行权价较高(K_2)的看涨期权，买入和卖出的数量相同，就构成了牛市看涨差价期权组合。

【例 3-4】

买进 600×××股票 12 月份看涨期权，行权价为 5 元，期权价格为 0.3 元，同时卖出 12 月份看涨期权，行权价为 8 元，期权价格为 0.2 元。标的股的市场交易价格在 5～8 元区间波动，发生净支出 0.1 元。

图 3-4 所示为牛市看涨差价期权组合的收益变动情况。

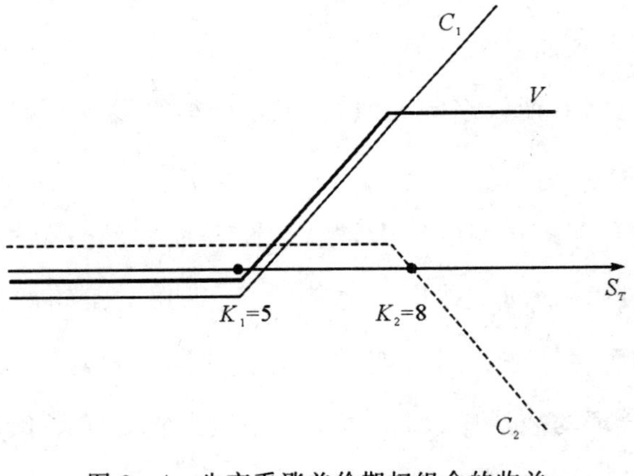

图 3-4　牛市看涨差价期权组合的收益

牛市看涨差价期权组合策略的收益状况见表 3-2。

表 3-2　组合收益状况　　单位：元

区　间	收　益	备　注
$0<S_T\leqslant 5$	$V=-0.1$	最大损失
$5<S_T<5.1$	$-0.1<V<0$	
$S_T=5.1$	$V=0$	盈亏平衡
$5.1<S_T<8$	$0<V<7.9$	
$S_T\geqslant 8$	$V=7.9$	最大盈利

由图 3－4，表 3－2 可以看出，组合的最大损失是－0.1 元，盈亏平衡点的股价为 5.1 元时，组合的最大盈利是 7.9 元。

结论：投资者认为股价会上涨，但涨幅不会太大时，可以使用牛市看涨差价期权。如果完全肯定是上涨的，那么他只会买入买入期权（看涨期权）。

3.5　牛市看跌差价期权组合

对于同一个标的股，相同的到期期限，买入一个行权价较低（K_1）的看跌期权，同时卖出一个行权价较高（K_2）的看跌期权，买入和卖出的数量相同，就构成了牛市看跌差价期权策略。

【例 3－5】

假设股票 0003××的交易价为 45 元，一份该股票 12 月份行权价为 40 元的看跌期权（卖出期权）P_1 价格为 0.8 元，另一份该股票 12 月份行权价格为 50 元的看跌期权（卖出期权）P_2 价格为 5.8 元。牛市看跌差价期权组合将以 0.8 元的价格购买行权价为 40 元的 12 月份看跌期权 P_1，同时按 5.8 元的价格卖出行权价格为 50 元的 12 月份的看跌期权 P_2。

图 3－5 所示为牛市看跌差价期权组合的收益变动情况。

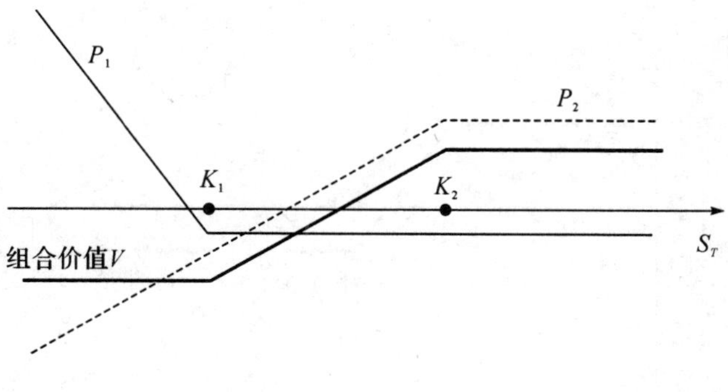

图 3－5　牛市看跌差价期权组合的收益

这笔交易将产生5.0元的盈余。这也是投资所能收到的最大盈余金额。如果股票0008××在期权到期时收于50元之上，两个期权都没有价值，投资者就得到全部的初始期权价格5.0元作为盈利。如果股票0008××在期权到期时收于40元之下的任意价位，投资者受到的损失最大，为$(40-S)-(50-S)+(5.8-0.8)=-5$元。而$40<S<50$时，$-5<V<5$。当$S=45$元时，$V=0$，盈亏平衡。

注：此时P_1为虚值。

结论：牛市看跌差价期权组合可以在认为未来一段时间，股票会上升，但上升不会很多的情况下使用。

3.6 熊市看涨差价期权组合

对于同一个标的股，相同的到期期限，卖出一个行权价较低(K_1)的看涨期权，同时买入一个行权价较高(K_2)的看涨期权，买入和卖出的数量相同，就构成了熊市看涨差价期权组合。

【例3-6】

卖出60051×股票12月份的看涨期权，行权价格为168元，期权价格为13.6元，同时买进12月份看涨期权，行权价格为180元，期权价格为5.6元，标的股60051×的交易价格为170元。

图3-6所示为熊市看涨差价期权组合的收益变动情况。

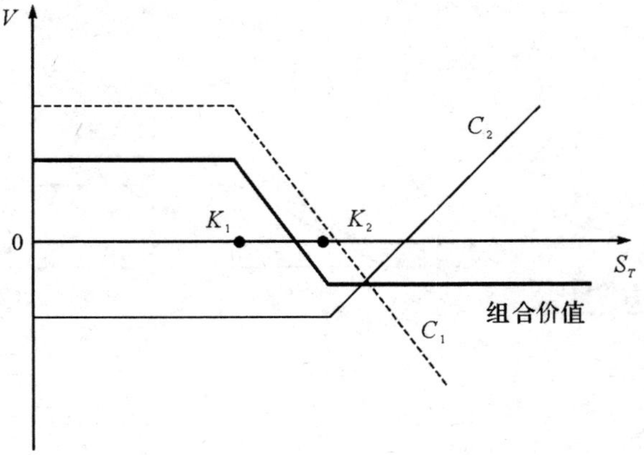

图3-6 熊市看涨差价期权组合的收益

从图 3-6 可以看出，投资者得到 8.0 元的初始投资利润，这也等于他的最大利润金额。由于熊市下跌，股价低于 168 元，所以两个买入期权的价值都是 0，净利润＝13.6－5.6＝8.0 元。风险的总金额为 4 元。市场未能如预期走熊，而是出现了上涨，这样，股价高过 180 元后，两个买入期权的作用抵销，组合收益为水平线。而股票价格是 180 元时，C_1 起作用而 C_2 还未起作用。$V=-\max[(180-168),0]+(13.6-5.6)=-12+8.0=-4.0$ 元。而当 $168<S_T<180$ 时，$-4.0<V<8.0$，V 是期权组合的价值。

结论：投资者使用熊市看涨期权组合的原因是他认为股票会下跌，但不确定会有大幅下跌。如果完全确定下跌，他将全部买进看跌期权。

3.7 熊市看跌差价期权组合

对于同一个标的股，相同的到期期限，卖出一个行权价较低（K_1）的看跌期权，同时买入一个行权价较高（K_2）的看跌期权，这就构成了熊市看跌差价期权组合。

【例 3-7】

假设股票 0003××交易价为 45 元，该股票 12 月份行权价为 40 元的看跌期权（卖出期权）价格为 1.7 元，另一份该股的 12 月份看跌期权（卖出期权），行权价格为 50 元，期权价格为 5.7 元。

投资人以 1.7 元的价格卖出行权价格为 40 元的 12 月份看跌期权，同时按 5.7 元的价格买入行权价格为 50 元的 12 月份的看跌期权，这样就构造了熊市看跌期权组合，如图3-7所示。

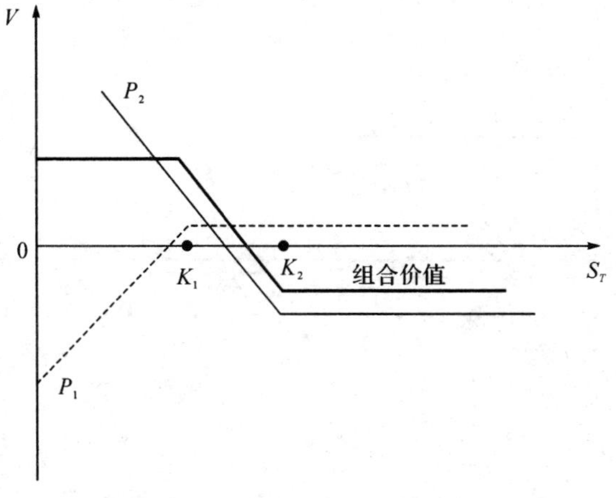

图 3-7 熊市看跌差价期权组合的收益

熊市看跌差价期权组合的收益见表 3－3。

表 3－3　熊市看跌差价期权组合的收益　单位：元

区　间	解　释
$S_T<40$	两个期权的作用互相抵销； V＝行权收益－期权成本＝（50－40）－（5.7－1.7）＝6 元，这也是投资者的最大收益
$40<S_T<50$	$-4<V<6$
$S_T>50$	两个卖出期权价值都是 0，组合的价值是净期权费用，V＝1.7－5.7＝－4 元，这也是投资者的最大损失

结论：投资者使用熊市看跌期权组合的原因是，他认为股票是下跌的，但不确定会有大幅下跌。如果完全确定，他将全部买进看跌期权。

3.8　看涨期权正向蝶式差价组合

假设：$K_1<K_2<K_3$，即 C_1，C_2，C_3 是同一标的股的买入期权（看涨期权），到期日相同，但有不同的行权价格。当买入 C_1 和 C_3 各一份，同时卖出两份 C_2 时，就构成了看涨期权正向蝶式差价组合，其收益如图 3－8 实线所示。

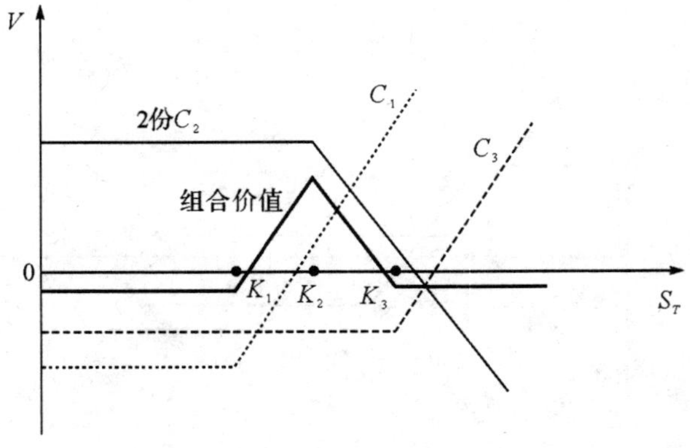

图 3－8　看涨期权正向蝶式差价组合收益

【例 3-8】

6006××的股价为 60 元,其半年的看涨期权市价见表 3-4。

表 3-4　看涨期权市价表　　　　单位:元

	行权价格	期权交易价格
C_1	55	10
C_2	60	7
C_3	65	5

具体交易如下:

(1)买入 1 份 C_1,支付 10 元;

(2)卖出 2 份 C_2,收入 14 元;

(3)买入 1 份 C_3,支付 5 元。

初始交易合计收入为 −1 元。

半年后标的股股价的变动情况见表 3-5。

表 3-5　标的股股价变动情况

区　间	解　释
$S_T<55$ 或 $S_T>65$	期权全部虚值或全部实值,组合的收益为 0,净收益为−1 元
$55<S_T<65$	$S_T=60$ 元时获利最多,即 $60-55=5$ 元,只有 C_1 有效,净收益=$5-1=4$ 元

组合的收益变动范围是 $-1<V<4$。

结论:当投资者预期未来的股价不论是向上还是向下,都不会有大的变化时,可采用看涨期权正向蝶式差价组合,即使预期不对,也不会有太大的损失。

3.9 看涨期权反向蝶式差价组合

在 3.8 给出的条件中，如果买入两份 C_2 而分别卖出 C_1 和 C_3 各一份，则构成看涨期权反向蝶式差价组合。

延用例 3-8 中的数据，看涨期权反向蝶式差价组合的表现如图 3-9 所示。

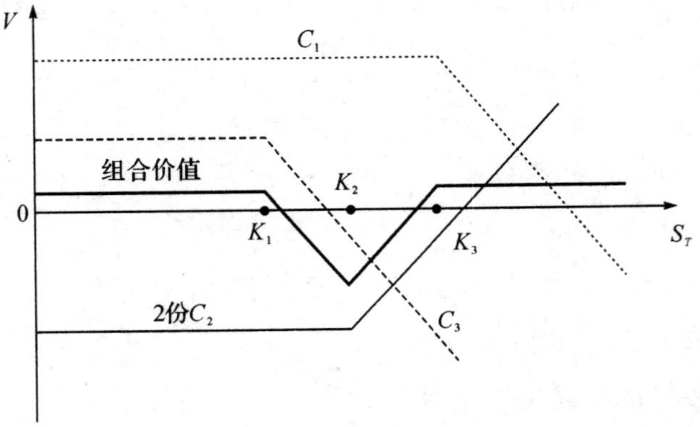

图 3-9 看涨期权反向蝶式差价组合的收益

【例 3-9】

具体交易如下：

(1)卖出一份 C_1，收入 10 元；

(2)买入二份 C_2，支付 14 元；

(3)卖出一份 C_3，收入 5 元。

初始交易合计收入为 1 元。

半年后标的股股价的变动情况见表 3-6。

表 3-6 标的股股价的变动情况 单位：元

区　间	解　释
$S_T<55$ 或 $S_T>65$	期权全部虚值或全部实值，组合的收益为 0，净收入为 1 元
$55<S_T<65$	组合可能会亏损，且 $S_T=60$ 时亏损最多，即 $-(60-55)=-5$ 元，只有 C_1 有效，净收益 $=-5+1=-4$ 元

组合的收益变动范围$-4<V<1$。

更精确的表达应考虑盈亏平衡点，单调升，单调减。包括例3-8，读者可以独立思考一下。

结论：当投资者预期未来的股价不论是向上还是向下，一定会选择方向突破，但突破后的幅度不会很大，这时，可采用看涨期权反向蝶式差价组合。即使预期不对，也不会有太大的损失。

3.10 看跌期权正向蝶式差价组合

假设：$K_1>K_2>K_3$，即 P_1，P_2，P_3 是同一标的股的卖出期权（看跌期权），到期日相同，但有不同的行权价格。当买入 P_1 和 P_3 各一份，同时卖出 P_2 两份时，就构成了看跌期权正向蝶式差价组合，其收益如图3-10所示实线。

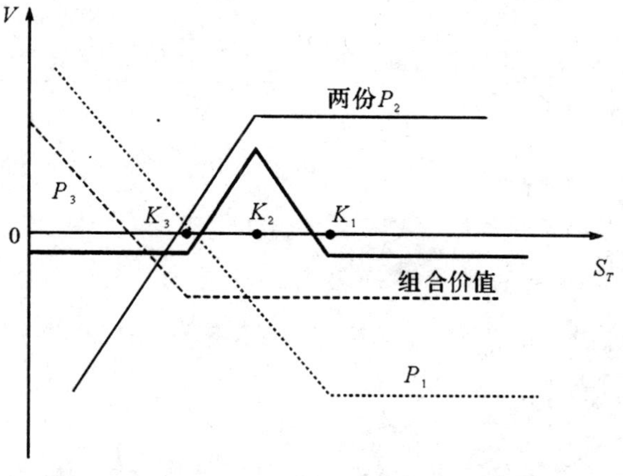

图3-10 看跌期权正向蝶式差价组合的收益

【例3-10】

股票600××8的价格为50元，其半年期的看跌期权市价见表3-7。

表 3-7 看跌期权市价表 单位:元

	行权价格	期权交易价格
P_1	60	10
P_2	50	7
P_3	40	5

具体交易如下:

(1)买入 1 份 P_1,支付 10 元;

(2)卖出 2 份 P_2,收入 14 元;

(3)买入 1 份 P_3,支付 5 元。

初始交易合计收入为−1 元。

半年后标的股股价的变动情况见表 3-8。

表 3-8 标的股股价变动情况 单位:元

区 间	解 释
$S_T<40$ 或 $S_T>60$	期权全部虚值或全部实值,组合的收益为 0,净收入为−1 元
$S_T=59$ 或 $S_T=41$	组合的价值为 1 元,这时盈亏平衡*
$40<S_T<41$ 或 $59<S_T<60$	$-1<V_T<0$
$41<S_T<59$	$0<V_T<9$
$S_T=50$	组合的最大收益,P_2 是平值,P_3 是虚值,$V=60-50-1=9$ 元

* $\max(K_1-S_T,0)+\max(K_3-S_T,0)-2\times\max(K_2-S_T,0)+(2\times7-10-5)=0$。且 $40<S_T<60$,当 $S_T=59$ 时,$\max(K_3-S_T,0)-2\times\max(K_2-S_T,0)=0$,因为 P_2,P_3 都是虚值,而 $K_1-S_T=60-59=1$。同理,当 $S_T=41$ 时,P_3 是虚值,$\max(K_3-S_T,0)=0$,$(60-41)-2\times(50-41)=19-18=1$。

结论:当投资者预期未来的股价不论是向上还是向下,都不会有大的变化时,可采用看跌期权正向蝶式差价组合。即使预期不对,也不会有太大的损失。

3.11 看跌期权反向蝶式差价组合

在 3.10 的条件下,如果买入两份 P_2 而分别卖出 P_1 和 P_3 各一份,则构成看跌期权反向蝶式差价组合,其收益如图 3-11 所示。

我们看一个实际的例子,全部引用例 3-10 中的数据。

具体交易如下：

(1)卖出1份P_1，收入10元；

(2)买入2份P_2，支付14元；

(3)卖出1份P_3，收入5元。

初始交易合计收入为1元。

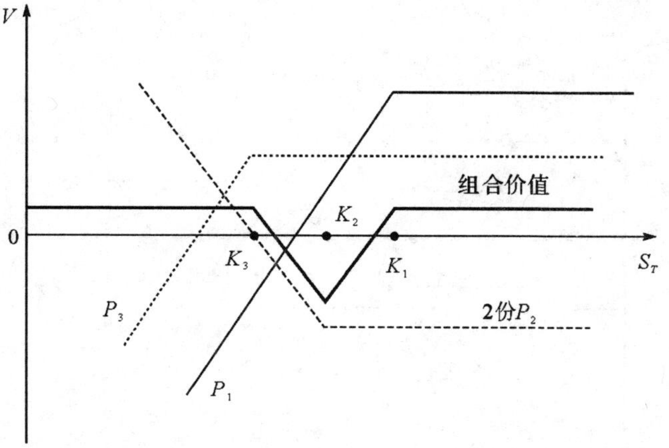

图3-11　看跌期权反向蝶式差价组合的收益

根据例3-10中的解答方法，可以得出以下结论：

(1)当$S_T<40$或$S_T>60$时，组合的最大收益为1元；

(2)当$S_T=50$元时，组合的最大亏损为9元；

(3)当$40<S_T<60$时，组合的总价值为$-9<V<1$。

结论：当投资者预期未来的股价不论是向上还是向下，一定会选择方向突破，但突破后的幅度不会很大，这时，可采用看跌期权反向蝶式差价组合。即使预期不对，也不会有太大的损失。

3.12　铁　蝴　蝶

在难度较高的CIIA(Certified International Investment Analyst)考试中，有同时使用买入期权和卖出期权构成的铁蝴蝶。如果我们想投资初始收益为正的蝶式期权，铁蝴蝶是一个不错的选择。铁蝴蝶适用于标的股的盘整走势。

【例 3 - 11】

买进一份低执行价格 K_1 的看跌期权 P_2，卖出一份中执行价格 K_2 的看跌期权 P_1；卖出一份中执行价格 K_2 的看涨期权 C_1，买进一份高执行价格 K_3 的看涨期权 C_2。该组合的收益如图 3 - 12 所示粗实线。

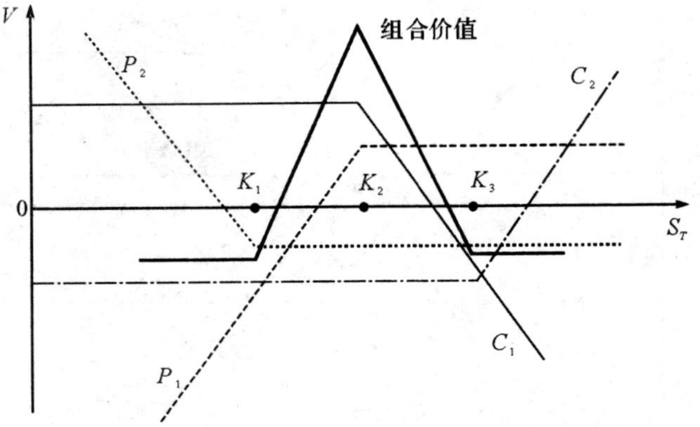

图 3 - 12　买入铁蝴蝶期权组合的收益

结论：蝶式组合期权和跨式期权组合有明显区别，前者没有风险敞口，而后者是可能有风险的。

3.13　对角期权

如果期权只有标的股相同，但是 $K_1 < K_2$，$\tau_1 < \tau_2$ 再加上买入期权 C 和卖出期权 P，就可以组合出八种不同的组合，K 和 τ 都不同的期权组合，称为对角期权。其中 K 是执行价格，τ 是期权的剩余期限。

1. 看涨期权牛市正向对角组合

如图 3 - 13 所示，买入一份看涨期权，行权价较低但剩余期限较长的 C_1，同时卖出一份看涨期权，行权价格较高但剩余期限较短的 C_2，就构成了看涨期权牛市正向对角组合。即买入买入期权（看涨期权）$C_1(S,\tau_2,K_1)$ 和卖出买入期权 $C_2(S,\tau_1,K_2)$。

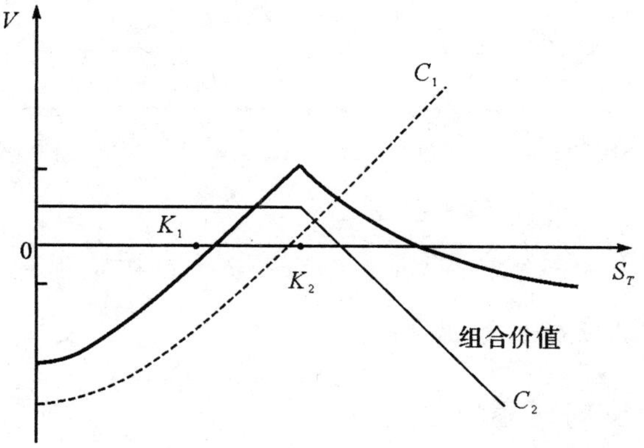

图 3-13 看涨期权牛市正向对角组合收益

【分析】

(1)若期限较短的期权 C_2 到期时，$S_T=K_2$，此时 C_1 有价值，记为 C_{1T}，而 C_2 没有价值，组合价值最大。因为如果 C_2 到期时，$S_T>K_2$，则 C_2 空头有价值，将抵销一部分 C_1 的价值，而 $S_T<K_2$ 时，S_T-K_1 也较小。其最大价值为

$$V_t= C_{1T}-(S_T-K_2)+(C_2-C_1)=C_2-C_1+C_{1T}$$

其中，C_{1T}反映的是期权 C_1 在 $\tau_2-\tau_1$ 存续期内的时间价值加上内在价值。如果设定中，C_{1T}没有包含 C_1 的内在价值，算式中应引入 K_1，K_2 的关系，后面的 7 种组合亦是如此。

(2)若 $S_T\to\infty$，空头亏损 $S_T-K_2-C_2$，多头虽未到期，但由于 S_T 远高于 K_1，故此时多头价值趋近于 S_T-K_1，即多头盈利 $S_T-K_1-C_1$，共计盈亏为 $K_2-K_1+C_2-C_1$。

(3)若 $S_T\to 0$，空头盈利 C_2，多头虽未到期，但由于 S_T 远低于 K_1，故此时多头价值趋近于 0，即多头亏损 C_1，共计盈亏为 C_2-C_1。

我们把上述三种情形列于表 3-9。

表 3-9　看涨期权牛市正向对角组合收益表

S_T 的范围	(K_1, τ_2)多头的盈亏	(K_2, τ_1)空头的盈亏	总盈亏
$S_T \to \infty$	趋近于 $S_T - K_1 - C_1$	$-(S_T - K_2 - C_2)$	趋近 $K_2 - K_1 + C_2 - C_1$
$S_T = K_2$	$C_{1T} - C_1$	$-(S_T - K_2 - C_2)$	$C_{1T} - C_1 + C_2$
$S_T \to 0$	趋近 $-C_1$	$+C_2$	趋近 $C_2 - C_1$

注：因为 C_{1T} 是一个不确定的值，我们只进行代数讨论，不做具体实例，以下情形类似。

结论：投资人认为未来一个时期，股票价格围绕 K_2 波动，且向上或向下突破的可能性不大时使用该策略，即使突破损失也有限。

2. 看涨期权熊市反向对角组合

图 3-14 所示图形与图 3-13 呈 S_T 轴对称。买入一份看涨期权，行权价较高但剩余期限较短的 C_2，同时卖出一份看涨期权，行权价格较低但剩余期限较长的 C_1，就构成了看涨期权熊市反向对角组合。即卖出买入期权(看涨期权)$C_1(S, \tau_2, K_1)$和买入买入期权 $C_2(S, \tau_1, K_2)$。

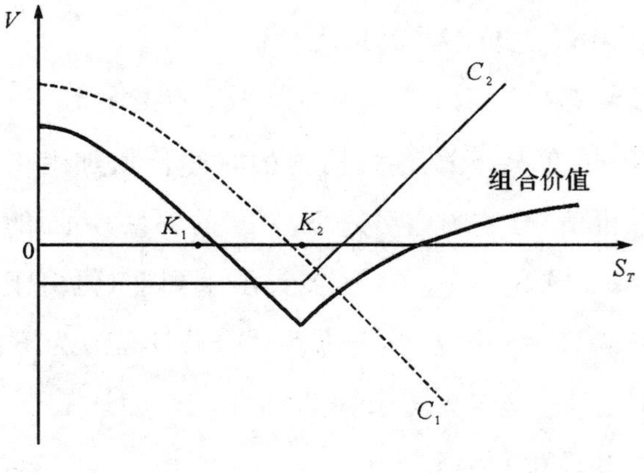

图 3-14　看涨期权熊市反向对角组合收益

【分析】

(1)若期限较短的期权到期时，$S_T=K_2$，此时 C_1 有价值，记为 C_{1T}，而 C_2 没有价值，组合价值最小。因为如果 C_2 到期时，$S_T>K_2$，则 C_2 多头有价值，将抵销一部分 C_1 的空头价值，而 $S_T<K_2$ 时，S_T-K_1 空头价值也较小。其最小价值为

$$V_t=(S_T-K_2)-C_{1T}+(C_1-C_2)=C_1-C_2-C_{1T}$$

其中，C_{1T}反映的是期权 C_1 在 $\tau_2-\tau_1$ 存续期内的时间价值加上内在价值。

(2)若 $S_T\to\infty$，空头亏损 $S_T-K_1-C_1$，多头盈利 $S_T-K_2-C_2$，共计盈亏为 $K_1-K_2+C_1-C_2$。

(3)若 $S_T\to 0$，空头盈利 C_1，多头亏损 C_2，共计盈亏为 C_1-C_2。

我们把上述三种情形列于表 3-10。

表 3-10　看涨期权熊市反向对角组合收益表

S_T 的范围	(K_1,τ_2)空头的盈亏	(K_2,τ_1)多头的盈亏	总盈亏
$S_T\to\infty$	$-(S_T-K_1-C_1)$	$S_T-K_2-C_2$	趋近 $K_1-K_2+C_1-C_2$
$S_T=K_2$	$-(C_{1T}-C_1)$	$S_T-K_2-C_2$	$C_1-C_2-C_{1T}$
$S_T\to 0$	C_1	$-C_2$	趋近 C_1-C_2

结论：投资人认为未来一个时期，股票价格会脱离目前围绕 K_2 波动的现状，向上或向下突破的可能性很大时使用该策略，即使没有突破，损失也有限。达到目的后，投资者需要及时双向平仓，因为较短的期权到期时，风险敞口单向打开。

3. 看涨期权熊市正向对角组合

组合的价值变动如图 3-15 所示，买入一份看涨期权，行权价较高且剩余期限较长的 C_2，同时卖出一份看涨期权，行权价格较低且剩余期限较短的 C_1，就构成了看涨期权熊市正向对角组合。即卖出买入期权(看涨期权)$C_1(S,\tau_1,K_1)$和买入买入期权 $C_2(S,\tau_2,K_2)$。

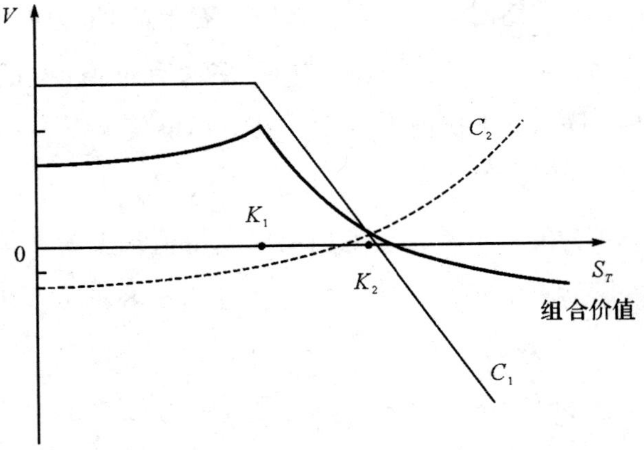

图 3－15　看涨期权熊市正向对角组合收益

【分析】

(1)若期限较短的期权到期时，$S_T=K_1$，此时 C_2 还有价值，记为 C_{2T}，而 C_1 没有价值，组合价值最大。因为如果 C_1 到期时，$S_T>K_1$，则 C_1 空头有价值，将抵销一部分 C_2 的多头价值，而 $S_T<K_1$ 时，C_2 多头总价值也较小。其最大价值为

$$V_t=C_{2T}-(S_T-K_1)+(C_1-C_2)=C_{2T}+C_1-C_2$$

其中，C_{2T}反映的是期权 C_2 在 $\tau_2-\tau_1$ 存续期内的时间价值加上内在价值。

(2)若 $S_T\to\infty$，空头亏损 $S_T-K_1-C_1$，多头盈利 $S_T-K_2-C_2$，共计盈亏为 $K_1-K_2+C_1-C_2$。

(3)若 $S_T\to 0$，空头盈利 C_1，多头亏损 C_2，共计盈亏为 C_1-C_2。

我们把上述三种情形列于表 3－11。

表 3－11　看涨期权熊市正向对角组合收益表

S_T 的范围	(K_1,τ_1)空头的盈亏	(K_2,τ_2)多头的盈亏	总盈亏
$S_T\to\infty$	$-(S_T-K_1-C_1)$	$S_T-K_2-C_2$	趋近 $K_1-K_2+C_1-C_2$
$S_T=K_1$	$-(S_T-K_1-C_1)$	$-C_2+C_{2T}$	$C_{2T}+C_1-C_2$
$S_T\to 0$	C_1	$-C_2$	趋近 C_1-C_2

结论：投资人认为未来一个时期，股票价格会围绕 K_1 波动，向上或向下突破的可能性不大时使用，即使突破，向下的概率略高于向上的概率时，可使用该策略。

4. 看涨期权牛市反向对角组合

组合价值的变动如图 3-16 所示，卖出一份看涨期权，行权价较高且剩余期限较长的 C_2，同时买入一份看涨期权，行权价格较低且剩余期限较短的 C_1，就构成了看涨期权牛市反向对角组合。即买入买入期权（看涨期权）$C_1(S,\tau_1,K_1)$ 和卖出买入期权 $C_2(S,\tau_2,K_2)$。

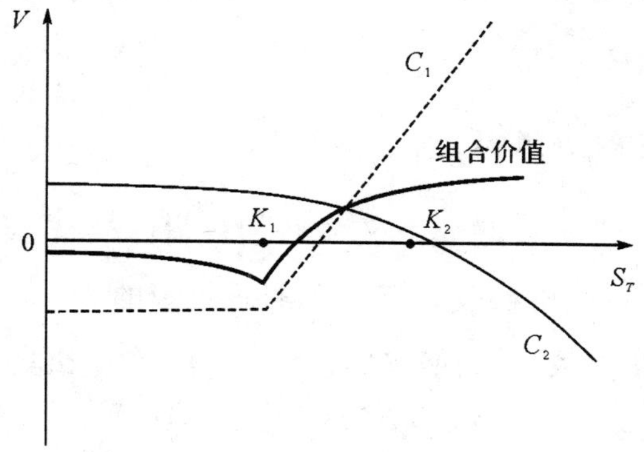

图 3-16　看涨期权牛市反向对角组合收益

【分析】

（1）假设 C_1 到期时，$S_T=K_1$，此时 C_2 还有价值，记为 C_{2T}，而 C_1 已经没有价值，组合价值最小。因为如果 C_1 到期时，$S_T>K_1$，则 C_1 多头有价值，将抵销一部分 C_2 的空头价值，而 $S_T<K_1$ 时，C_2 空头总价值也较小。其最小价值为

$$V_t=(S_T-K_1)-C_{2T}+(C_2-C_1)=C_2-C_1-C_{2T}$$

其中，C_{2T} 反映的是期权 C_2 现在的时间价值加上内在价值。

（2）若 $S_T\to\infty$，空头亏损 $S_T-K_2-C_2$，多头盈利 $S_T-K_1-C_1$，共计盈亏为 $K_2-K_1+C_2-C_1$。

（3）若 $S_T\to 0$，空头盈利 C_2，多头亏损 C_1，共计盈亏为 C_2-C_1。

我们把上述三种情形列于表 3-12。

表 3-12　看涨期权牛市反向对角组合收益表

S_T 的范围	(K_1, τ_1)多头的盈亏	(K_2, τ_2)空头的盈亏	总盈亏
$S_T \to \infty$	$(S_T - K_1 - C_1)$	$-(S_T - K_2 - C_2)$	趋近 $K_2 - K_1 + C_2 - C_1$
$S_T = K_1$	$(S_T - K_1 - C_1)$	$C_2 - C_{2T}$	$C_2 - C_1 - C_{2T}$
$S_T \to 0$	$-C_1$	$+C_2$	趋近 $C_2 - C_1$

结论：投资人认为股票价现在虽然围绕 K_1 波动，但未来一个时期会向上或向下突破，且向上突破的可能性较大时使用该策略。达到目的后，投资人需要及时双向平仓，因为较短的期权到期时，风险敞口单向打开。

5. 看跌期权牛市正向对角组合

组合的收益如图 3-17 所示，买入一份看跌期权，行权价较低但剩余期限较长的 P_1，同时卖出一份看跌期权，行权价格较高但剩余期限较短的 P_2，就构成了看跌期权牛市正向对角组合。即买入卖出期权(看跌期权)$P_1(S, K_1, \tau_2)$和卖出卖出期权 $P_2(S, K_2, \tau_1)$。

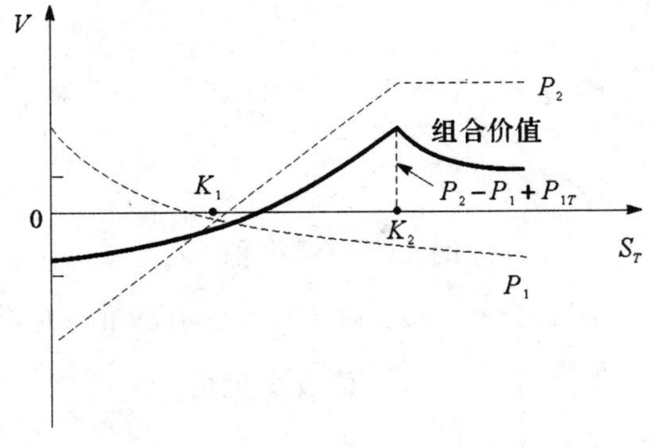

图 3-17　看跌期权牛市正向对角组合的收益

【分析】

(1)假设 $t = \tau_1$ 时，$S_T = K_2$，此时 P_2 已没有价值，而 P_1 还有价值，记为 P_{1T}，是其内在价值和时间价值之和。此时组合价值最大。因为如果 P_2 到期时，$S_T < K_2$，则 P_2 空头有价值，将抵销一部分 P_1 的多头价值，而 $S_T > K_2$ 时，P_1 多头总价值也较小。其价值为

$$V_t=(-P_1+P_{1t})-(K_2-S_T-P_2)=P_2-P_1+P_{1T}$$

(2)若 $S_T\to\infty$,空头盈利 P_2,多头亏损 P_1,共计盈亏为 P_2-P_1。

(3)若 $S_T\to 0$,空头盈利$-(K_2-S_T-P_2)$,多头盈利 $K_1-S_T-P_1$,共计盈亏为 $K_1-K_2+P_2-P_1$。我们把上述三种情形列于表 3-13。

表 3-13　看跌期权牛市正向对角组合收益表

S_T 的范围	(K_1,τ_2)多头的盈亏	(K_2,τ_1)空头的盈亏	总盈亏
$S_T\to\infty$	$-P_1$	P_2	趋近 P_2-P_1
$S_T=K_2$	$-P_1+P_{1T}$	$-(K_2-S_T-P_2)$	$P_2-P_1+P_{1T}$
$S_T\to 0$	$K_1-S_T-P_1$	$-(K_2-S_T-P_2)$	趋近 $K_1-K_2+P_2-P_1$

结论:投资人认为未来一个时期,股票价格可会围绕 K_2 波动,且向上向下突破的可能性较小,或者向上的可能性略大时使用该策略,即使向下突破损失也有限。

6. 看跌期权熊市反向对角组合

组合的收益如图 3-18 所示,买入一份看跌期权,行权价较高但剩余期限较短的 P_2,同时卖出一份看跌期权,行权价格较低但剩余期限较长的 P_1,就构成了看跌期权熊市反对角组合。即卖出卖出期权(看跌期权)$P_1(S,K_1,\tau_2)$和买入卖出期权 $P_2(S,K_2,\tau_1)$。

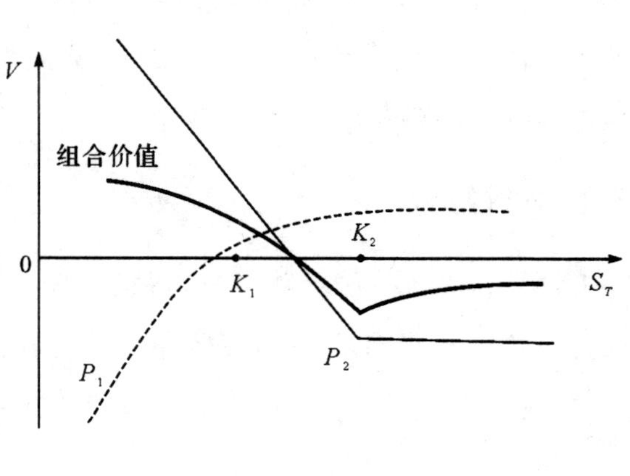

图 3-18　看跌期权熊市反向对角组合

【分析】

(1)假设 $t=\tau_1$ 时,$S_T=K_2$,这时 P_2 价值为 0,而 P_1 还有价值,记为 P_{1T},是其内在价值和时间价值之和。此时组合的价值最小。因为如果 $t=\tau_1$ 时,$S_T<K_2$,则 P_2 多头有价值,将抵销一部分 P_1 的空头价值,而 $S_T>K_2$ 时,P_1 价值也较大。其最小价值为

$$V_t=(K_2-S_T-P_2)-(-P_1+P_{1T})=P_1-P_2-P_{1T}$$

(2)若 $S_T\to\infty$,空头盈利 P_1,多头盈利 $-P_2$,共计盈亏为 P_1-P_2。

(3)若 $S_T\to 0$,空头盈亏 $-(K_1-S_T-P_1)$,多头盈利 $K_2-S_T-P_2$,共计盈亏为 $K_2-K_1+P_1-P_2$。

我们把上述三种情形列于表 3-14。

表 3-14 看跌期权熊市反向对角组合收益表

S_T 的范围	(K_2,τ_1)多头的盈亏	(K_1,τ_2)空头的盈亏	总盈亏
$S_T\to\infty$	$-P_2$	P_1	趋近 P_1-P_2
$S_T=K_2$	$K_2-S_T-P_2$	$-(-P_1+P_{1T})$	$P_1-P_2-P_{1T}$
$S_T\to 0$	$K_2-S_T-P_2$	$-(K_1-S_T-P_1)$	趋近 $K_2-K_1+P_1-P_2$

结论:投资人认为未来一个时期,股票价格会脱离目前围绕 K_2 波动的现状,向上或向下突破,且向下的可能性很大时使用该策略,即使没有突破损失也有限。达到目的后,投资人需要及时双向平仓,因为较短的期权到期时,风险敞口单向打开。

7. 看跌期权熊市正向对角组合

组合的收益如图 3-19 所示,买入一份看跌期权,行权价较高且剩余期限较长的 P_2,同时卖出一份看跌期权,行权价格较低且剩余期限较短的 P_1,就构成了看跌期权熊市正向对角组合。即买入卖出期权(看跌期权)$P_2(S,K_2,\tau_2)$和卖出卖出期权 $P_1(S,K_1,\tau_1)$。

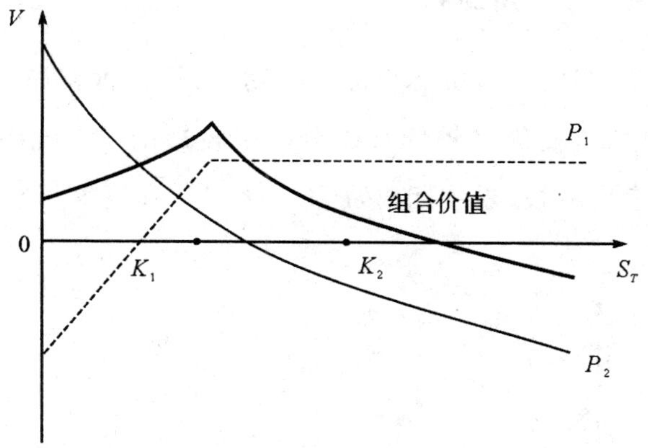

图 3－19 看跌期权熊市正向对角期权组合收益

【分析】

(1)假设 $t=\tau_1$ 时，$S_T=K_1$，这时 P_2 价值为 P_{2T}，而 P_1 没有价值，P_{2T} 是 P_2 其内在价值和时间价值之和。此时，组合的价值最大。因为如果 $t=\tau_1$ 时，$S_T<K_1$，则 P_1 空头有价值，将抵销一部分 P_2 的多头价值，而 $S_T>K_1$ 时，P_2 多头总价值也较小。其价值为

$$V_t=(-P_2+P_{2T})-(K_1-S_T-P_1)=P_1-P_2+P_{2T}$$

(2)若 $S_T\to\infty$，空头盈亏 P_1，多头盈亏 $-P_2$，共计盈亏 P_1-P_2。

(3)若 $S_T\to 0$，空头盈亏 $-(K_1-S_T-P_1)$，多头赚得 $K_2-S_T-P_2$，共计盈亏为 $K_2-K_1+P_1-P_2$。

我们把上述三种情形列于表 3－15。

表 3－15 看跌期权熊市正向对角组合收益表

S_T 的范围	(K_2,τ_2) 多头的盈亏	(K_1,τ_1) 空头的盈亏	总盈亏
$S_T\to\infty$	$-P_2$	P_1	趋近 P_1-P_2
$S_T=K_1$	$-P_2+P_{2T}$	$-(K_1-S_T-P_1)$	$P_1-P_2+P_{2T}$
$S_T\to 0$	$K_2-S_T-P_2$	$-(K_1-S_T-P_1)$	趋近 $K_2-K_1+P_1-P_2$

结论：投资人认为未来一个时期，股票价格会围绕 K_1 波动，且向上突破的可能性较低时使用该策略。

8. 看跌期权牛市反向对角组合

组合的收益如图 3-20 所示，卖出一份看跌期权，行权价较高且剩余期限较长的 P_2，同时买入一份看跌期权，行权价格较低且剩余期限较短的 P_1，就构成了看跌期权牛市反向对角组合。即卖出卖出期权（看跌期权）$P_2(S, K_2, \tau_2)$ 和买入卖出期权 $P_1(S, K_1, \tau_1)$。

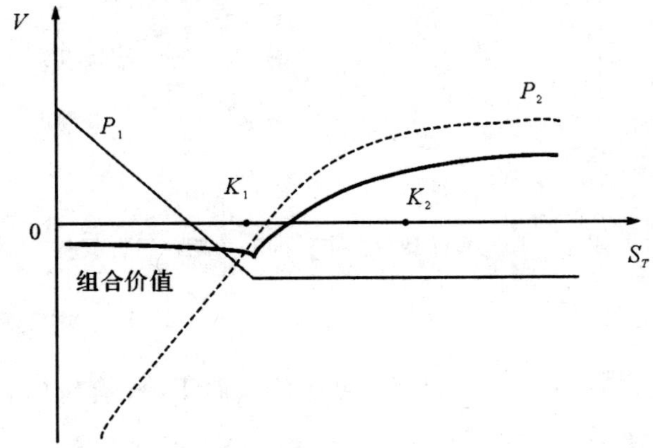

图 3-20　看跌期权牛市反向对角期权组合收益

【分析】

(1) 假设 $t=\tau_1$ 时，$S_T=K_1$，这时 P_2 价值为 P_{2T}，而 P_1 没有价值。P_{2T} 是 P_2 其内在价值和时间价值之和。这也是组合的最小价值。因为如果 $t=\tau_1$ 时，$S_T<K_1$，则 P_1 多头有价值，将抵消一部分 P_2 的空头价值，而 $S_T>K_1$ 时，P_2 空头总价值也较高。其最小价值为

$$V_t=(K_1-S_T-P_1)-(-P_2+P_{2t})=P_2-P_1-P_{2T}$$

(2) 若 $S_T\to\infty$，空头盈亏 P_2，多头盈利 $-P_1$，共计盈亏为 P_2-P_1。

(3) 若 $S_T\to 0$，空头盈亏 $-(K_2-S_T-P_2)$，多头盈利 $(K_1-S_T-P_1)$，共计盈亏 $K_1-K_2+P_2-P_1$。

我们把上述三种情形列于表 3-16。

表 3-16 看跌期权牛市反向对角组合收益表

S_T 的范围	(K_2,τ_2)空头的盈亏	(K_1,τ_1)多头的盈亏	总盈亏
$S_T\to\infty$	P_2	$-P_1$	趋近 P_2-P_1
$S_T=K_1$	$-(-P_2+P_{2T})$	$K_1-S_T-P_1$	$P_2-P_1-P_{2T}$
$S_T\to 0$	$-(K_2-S_T-P_2)$	$K_1-S_T-P_1$	趋近 $K_1-K_2+P_2-P_1$

结论：投资人认为未来一个时期，股票价格会脱离围绕 K_1 波动的现状，向上突破的可能性较大时使用该策略。要注意双向平仓，不能出现单向风险敞口。

【例 3-12】

中国申车有两种看跌期权在交易，$P_1=1$ 元，其执行价格 $K_1=18$ 元，剩余期限是 3 个月；$P_2=1.8$ 元，其行权价格 $K_2=20$ 元，剩余期限是 6 个月。两种看跌期权的合约规模都是 1 000。据分析师预测，由于海外订单增加，3 个月后 P_2 的内在价值和时间价值总体 $P_{2T}=3.8$ 元，并且很快会脱离现在价格，上涨的可能性较大。中国申车的市场价格为 19 元，试组建看跌期权牛市反向对角期权组合，并分析未来的收益状况。

解 (1)构建看跌期权牛市反向对角期权组合。

卖出一手 P_2，收益金额$=1.8\times1000=1\ 800$ 元

买入一手 P_1，支出金额$=1.0\times1000=1\ 000$ 元

初始投资净收益$=1\ 800-1\ 000=800$ 元

(2)分析未来的收益状况。

1) P_1 到期时，如果中国申车股票价格为 18 元，则这时组合的收益将是最低的。因为如果股价高于 18 元，则 P_1 是虚值，买入的头寸虽不能产生正收益，但这时 P_2 空头的负收益值也小；而股价低于 18 元时，就会产生正收益，以抵销一部分空头的亏损。所以，当股价刚好是 18 元时，组合的价值最低，则

$$V_{\min}=[(K_1-S-P_1)-(P_{2T}-P_2)]\times1\ 000=(P_2-P_1-P_{2T})\times1\ 000=$$
$$(1.8-1-3.8)\times1\ 000=-3\ 000(\text{元})$$

2)假设中国申车的股价大于 20 元，则到期时，两个卖出期权都没有价值，组合的收益为初始投资净收益，即 800 元。

3)假设到期后，中国申车的股价趋于 0，则 P_2 的时间价值可以忽略，组合的价值为

$$V=[(K_1-S-P_1)-(K_2-S-P_2)]\times 1\,000=(K_1-K_2+P_2-P_1)\times 1\,000=$$
$$(18-20+1.8-1)\times 1\,000=-2\,800\text{ (元)}$$

(3)结论。所组建的看跌期权牛市反向对角期权组合的未来收益状况如下：

1)当股价趋于 0 时，收益趋于 $-2\,800$ 元；

2)当股价为 18 元时，最小收益为 $-3\,000$ 元；

3)当股价大于 20 元时，收益为 800 元。

出现正收益后，在 P_1，P_2 到期前需双向平仓。当然，投资者不是完全确定未来会上涨。

注：由于期权的时间价值是非线性的，所以使用不同的 τ 期权组合，期权价值应是曲线而非直线。当时间价值的差异巨大时，可能存在 $C_2(S,\tau_2,K_2)\geqslant C_1(S,\tau_1,K_1)$。本书为了直观说明其大致的价值范围，将曲线简化为直线，且 $C_2(S,\tau_2,K_2)<C_1(S,\tau_1,K_1)$。

点滴要领

所有的差价期权策略能够得到的最小和最大收益，取决于标的股的价格水平。在某种意义上它们允许投资者只购买确定范围的收益，这样的头寸对于预期股票价格近期会适度上涨或适度下跌的投资者是非常适用的。

利用本章所学的知识，我们可以对“东航期权组合巨亏事件”进行分析。在东航签订的期权合约组合中，可以简化为以下三种期权交易：

(1)买入看涨期权 C_1，即东航以较高的约定价 K_2(每桶 151 美元) 在未来规定的时间从对手方买定量的燃油，行权日时东航有权选择是否购买，对手方必须接受；

(2)卖出看跌期权 P，即东航以较低的约定价 K_1(每桶 63 美元)在未来规定的时间卖

对手方定量的燃油，不过行权日时对手方有权选择是否购买燃油，东航必须接受；

(3)卖出看涨期权 C_2，即东航以更高的约定价 K_3（每桶 201 美元）在未来规定的时间向对手方卖出定量的燃油，行权日时对手方有权选择是否购买燃油，东航必须接受。

东航期权组合的收益如图 3－21 所示。

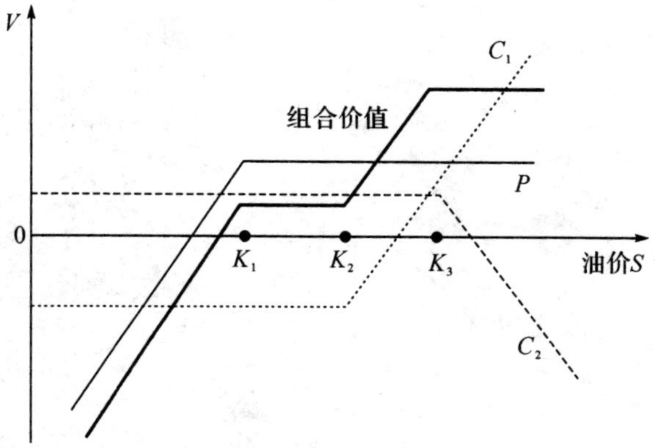

图 3－21　东航期权组合的收益

大家看看这张图，再结合前面所学到的技能，是不是明白了东航巨亏的原因呢？

读到这里，建议将前三章的内容再看一遍。采用的方式是一边阅读一边画图一边计算题目中涉及的数据。只有熟练掌握每幅图形的内涵、每个策略的适用情形，才能在股票期权交易中立于不败之地。

这也是本书的重中之重。

漫 画

适者生存

读书驿站

外面不安的世界，骚动的心情……

市盈率(earnings multiple，即 P/E ratio)也称"本益比""股价收益比率"或"市价盈利比率(简称市盈率)"。市盈率是最常用来评估股价水平是否合理的指标之一，由股价除以年度每股盈余(EPS)得出。例：每股收益 1 元，股价为 10 元，则市盈率为 10÷1=10 倍，也可以粗略地理解为 10 年可以收回投资本金。当一项投需要 200 年收回时，就不叫市盈率了，可以称之为"市梦率"。

国产车企搞资本运作 20 年了，而市场占有率和口碑没有多少提升。与此同时，韩国的现代汽车悄然崛起，德国汽车占高端消费市场的 70%以上……

您想过吗，到底为什么？

经济发展史如带变速箱的自行车，动力来自……

人类历史上的三次技术进步极大推动了世界经济的发展。这三次技术进步分别以蒸汽机、电力和计算机的广泛使用为主要标志。资本、劳动力和技术进步是企业经济增长的三要素，而技术进步对增长具有乘数效应。

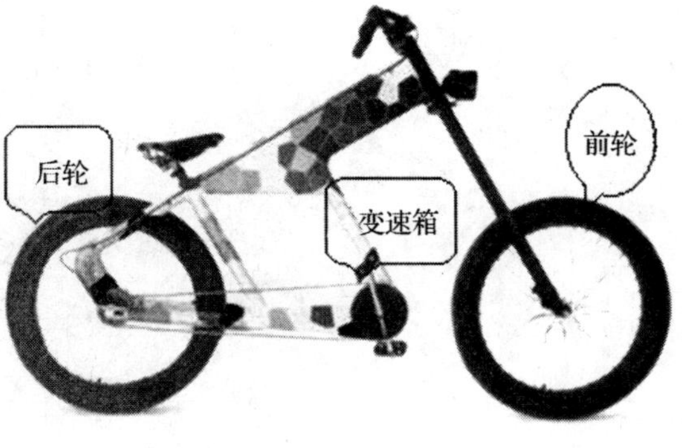

试选择:将你认为正确的①,②,③填入○中。

①技术进步　　○后轮

②劳动力　　○后轮

③资本　　○变速箱

理论篇

朋友，读到这里，您可以放慢脚步！

关于期权的理论，具有突出贡献的是布莱克(Black)、休尔斯(Scholes)及默顿(Meton)。这几位前辈奠定了期权定价的理论基础。而其他知识，都是这些年来大家一起通过实践慢慢积累起来的经验，属于公理范畴。

实战篇已足够您使用了，而接下来的理论篇完全可以利用闲暇时间，一点一点地品味。

第4章 股票期权的价值区间

密西西比泡沫事件

300 年前(1715 年前后)的法国,面临种种困局,财政紧张。为了摆脱危机,政府采纳了学者约翰·罗的提议,首先推行货币改革,其次设立公司,大量发行股票。通过刺激股票市场来筹集资金,抵偿政府债务。这是世界历史上第一次由政府组织并发动的牛市,曰"国家牛市"。由此引发市场疯狂的投机,当疯狂开始落幕的时候,整个法国陷入了一片混乱,史称"密西西比泡沫事件"。

1715 年 9 月 1 日路易十四驾崩后,王位由 5 岁的曾孙路易十五继承,路易十四的侄子奥尔良公爵腓力二世为摄政王。路易十五继承王位的同时,也继承了 39 亿利弗尔(法国旧币单位,当时 1 利弗尔的币值约为 0.5 千克白银)的债务。正当奥尔良公爵在财政危机面前一筹莫展之际，他遇到了救命稻草——约翰·罗。约翰·罗于1671年4月21日生于苏格兰一个银行世家，对货币理论颇有心得，在1705年发表了题为《论货币与贸易——关于国家发行货币的建议》的文章，呼吁政府成立国家银行，发行用土地、黄金和白银支持的纸币。

1716年5月1日，奥尔良公爵允许约翰·罗成立私人通用银行，授予该银行发行"金路易"（法国币值最大的货币，用黄金铸造）支持的纸币特权。私人通用银行是当时世界上仅有的6家可以发行纸币的银行之一，另外5家银行分别是瑞典银行、英格兰银行、荷兰银行、威尼斯银行和热那亚银行。

私人通用银行在1718年被收归国有，更名为"皇家银行"。这意味着纸币不再需要黄金支持，而用国王信用担保，由此打开了纸币泛滥的"潘多拉魔盒"。

约翰·罗于1717年8月买下了1684年法国在北美路易斯安那殖民地成立的密西西比公司，并将其更名为"西部公司"，取得了在西印度和北美为期25年的贸易垄断经营权，约翰·罗任首席执行官。法国政府批准西部公司发行股票，发行价为每股500利弗尔，股票发行后一个月股价就翻了一番。

当时法国人抢购股票，主要是因为纸币持续贬值，人们认为购买股票可以保值。于是，巧舌如簧的约翰·罗劝说奥尔良公爵不断印钞，称通货膨胀可以刺激经济和就业。印的票子越多，通货膨胀越严重，人们越疯抢西部公司的股票。

奥尔良公爵感到纸币太神奇了，竟宣布放弃金属币，他常说的一句话就是"多印些钞票"。他说："既然印了5亿利弗尔的票子能让经济繁荣起来，印10亿利弗尔岂不更好？"

同时，约翰·罗虚报西部公司的投资收益，告诉股民北美路易斯安那殖民地遍地是黄金。这样，西部公司的股票成了抢手货。1719年夏天，股票价格从每股1 000利弗尔猛窜到每股5 000利弗尔，到年底更是飙升到每股15 000利弗尔。

"百万富翁"一词就是这时出现的，因为只要拥有67股西部公司股票就是百万富翁。当时的法国人认为购买股票致富如此容易，简直就是天上掉馅饼。当时，巴黎大街上搭满了帐篷，拥挤着排队购买股票的外省人。

1719年，西部公司共发行了60多万股股票，获得股本3亿利弗尔。就这样，奥尔良公爵和约翰·罗勾结在一起，很快就把社会上的财富洗劫一空，当然，国债不费吹灰之力就清偿了。

约翰·罗不但自己富得流油，而且地位也如日中天，并在1720年当上了法国财政大臣，成了红得发紫的经济学家，到处吹嘘他的“经济学说”，其实“罗氏经济学”很简单，就是印票子，吹大经济泡沫形成短暂的虚假繁荣，把法国经济搞垮，把千百万百姓推向地狱。

后来，股民发现巨资购买的西部公司股票没给他们带来丝毫收益，便开始抛售这支股票。

为了恢复股民对西部公司的信心，阻止股价下跌，约翰·罗从那些炒股破产的人当中招聘了6 000名“矿工”，让他们穿着矿工服手持镐头在巴黎大街游行，声称要送他们去路易斯安那开采金矿。

这种欺骗性宣传果然起了些效果，股价下跌趋势得到遏制，但人们很快就发现这是一个骗局，西部公司股价又开始狂跌。很快，西部公司宣布破产，其股票一文不值。

1720年末，约翰·罗被罢免财政部长和皇家银行行长职务后逃离了法国，1729年在威尼斯死去。

1720年5月初，法国财政部公布的统计数字显示，当时发行的钞票共26亿利弗尔，但金属币不足其半数，也就是说，一半钞票没有任何资产支持，法国当时的虚假繁荣昙花一现。很快，恶性通货膨胀就发生了，纸币币值缩水五成。由于居民不再信任纸币，都到银行兑换金属币，或把钱取出购买食品，因此爆发银行挤兑潮。

为了阻止人们挤兑，政府宣布金币退出流通，使用金币和黄金交易违法，违者处以死刑；还宣布，居民持有的其他金属币不得超过500利弗尔，超出此数一旦被发现悉数充公；并鼓励居民揭发私藏金属币者，检举者可获涉案金额的一半。很快，政府对50个违反禁令的人执行了死刑。当时法国社会一片混乱，人们互相揭发，人人自危。

法国的金融体系就这样崩塌了。从此，法国通货膨胀日益恶化，平民阶层生活更加贫困，贫富差距拉大，社会各阶层之间充满怨恨，互不信任，播下了法国大革命的种子。

人常说，历史会重演！

是的，对那些毫无常识的人，的确有可能重蹈覆辙。他们只有在结果既成事实之后才会明白，自己出错了，而事先却毫无防范。但是，投资毕竟是一件自己要掏出真金白银承担风险的实在活儿，事先不了解大方向在哪儿，真的可以吗？

为了便于分析，这里假设任何期权合约，包括买入期权（看涨期权）和卖出期权（看跌期权)，它们的合约规模均是1。这意味着一份期权的持有者，只能买入或卖出一股股票。一份买入期权持有者只能在期限内买入一股标的股，以事先约好的执行价格。一份卖出期权的持有者只能在期限内卖出一份标的股，也是以事先约好的执行价格。

投资者未必有时间或者数学工具，能精确计算出交易中的股票期权价格是被高估或低估。即使能计算出来，市场价格也不会停在那里等待。那么，通过期权天生所具备的特性，大致判断期权的价值区间，显得尤其重要。

4.1 持有期内无红利发放的股票期权

特性之一：买入股票期权是有限责任，无限权利

买入股票期权是有限责任，无限权利。

不论看涨期权还是看跌期权，这是所有期权的总特性，有限责任是指要得到期权而付出的期权费。如果你卖空了看涨期权，就反过来了，即有限收益而责任无限。因此，不要轻易卖空任何期权。

特性之二：看涨期权的价值不可能超过标的股的价值

看涨期权的价值不可能超过标的股的价值。

如果买入期权(看涨期权)的价格超出标的股的价格，投资者会倾向于直接买入标的股，而不会通过先购买期权然后行权来获得股票。

标的股可以视为无限期的买入期权(看涨期权)，它的行权价格是0。

特性之三：标的股的价格为0时，股票期权价格是0

标的股的价格为0时，股票期权价格是0。

这个特性对看涨期权和看跌期权，欧式期权和美式期权都是成立的。

特性之四：到期时，买入期权的价值为(标的股价－执行价)与0两者中较大的一个

到期时，买入期权(看涨期权)的价值为(标的股价－执行价)与0两者中较大的一个，

对欧式看涨期权和美式看涨期权都是成立的，可以描述为

$$C_E(S_T, 0, K) = C_{US}(S_T, 0, K) = \max(0,\ S_T - K)$$

特性之五：到期时，卖出期权的价值为(执行价－标的股价)与0两者中较大的一个

到期时，卖出期权(看跌期权)的价值为(执行价－标的股价)与0两者中较大的一个，对欧式看跌期权和美式看跌期权都是成立的，可以描述为

$$P_E(S_T, 0, K) = P_{US}(S_T, 0, K) = \max(0,\ K - S_T)$$

特性之六：美式买入期权的价值 $C_{US}(S_T, \tau, K) \geqslant \max(0, S_T - K)$

美式买入期权(看涨期权)的价值 $C_{US}(S_T, \tau, K) \geqslant \max(0,\ S_T - K)$。

其中，$\tau = T - t$ 是指股票期权的剩余期限。可以将这一特征用图形表示出来，如图4-1所示。

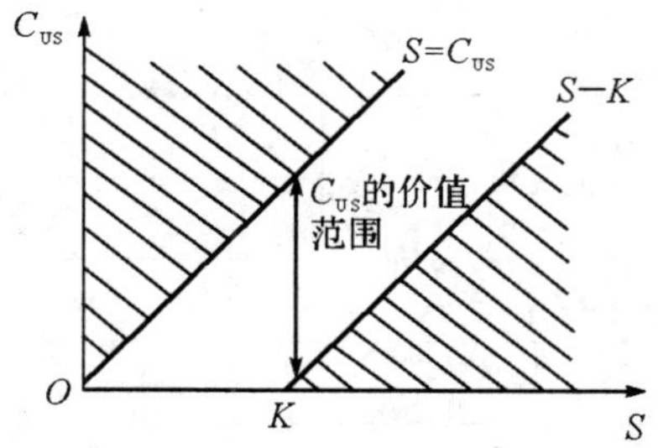

图4-1　到期时美式看涨期权的价值上下限

说明：① 在过原点的45°线上，$S = C_{US}$，而 $C_{US} < S$。所以 C_{US} 存在范围在 $S = C_{US}$ 直线下方区域，不包括 $S = C_{US}$ 线；

② 当股价高于行权价时，C_{US} 的价值是 $S - K$，C_{US} 至少要等于 $S - K$，但也可能大于 $S - K$。因此，C_{US} 的价值应是过$(S - K, 0)$点45°线的上方区域，并包括该线。

特性之七：美式卖出期权的最小价值为0或$(K - S_T)$

美式卖出期权(看跌期权)的最小价值为0或$(K - S_T)$，即 $P_{US}(S_T,\ \tau, K) \geqslant \max(0,\ K - S_T)$。

特性之八:美式期权的价值永远不可能低于欧式期权

美式期权的价值永远不可能低于欧式期权，即 $P_{US}(S_T,\tau,K) \geqslant P_E(S_T,\tau,K)$，$C_{US}(S_T,\tau,K) \geqslant C_E(S_T,\tau,K)$。

因为美式期权可以在到期日前任一个交易日行权，这种自由选择的机会就是一种价值。

特性之九：欧式买入期权的价值永远都不可能低于股价与行权价格现值之差

欧式买入期权(看涨期权)的价值永远都不可能低于股价与行权价格现值之差，即 $C_E(S_T,\tau,K) \geqslant \max(0,S_T - Ke^{-r\cdot\tau})$，进而得出 $C_{US}(S_T,\tau,K) \geqslant C_E(S_T,\tau,K) \geqslant \max(0,S_T - Ke^{-r\cdot\tau})$。

可以尝试证明这个结论，比较下面两个资产组合的价值:第一个组 X 由欧式看涨期权多头与将在 T 时刻支付 K 的零息票债券多头组成;第二个组合 Y 由股票 S 构成，见表4-1。

表 4-1

	初期价值	到期的价值	
		若 $S_T < K$	若 $S_T > K$
资产组合 X	$C_E(S,\tau,K) + Ke^{-r\cdot\tau}$	$0 + K$	$(S_T - K) + K$
资产组合 Y	S_t	S_T	S_T
		$X > Y$	$X = Y$

在到期日 T,资产组合 X 的价值不可能小于资产组合 Y 的价值。在时刻 t,结论同样成立。

因此,必然有 $C_E(S,\tau,K) + Ke^{-r\cdot\tau} \geqslant S_t$, $C_E(S,\tau,K) \geqslant S_t - Ke^{-r\cdot\tau}$

【例 4-1】

股票 002×××当前的价格为50元,3个月期欧式看涨期权行权价格为50元。假设看涨期权到期前股票不派发红利,连续无风险利率为10%,则买入期权(看涨期权)的价格下限为 $C_E(S_T,\tau,K) \geqslant \max(0, S_T - Ke^{-r\cdot\tau}) = \max(0,50 - 50 \times e^{-0.1\times3/12}) = 1.23$ 元。

欧式看涨期权的上下限与美式看涨期权的上下限进行对比,如图 4-2 所示。

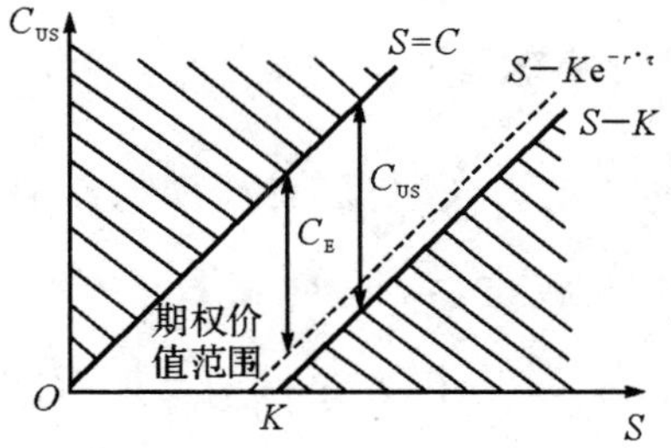

图 4－2　到期时欧式看涨期权的价值上下限

特性之十：如果股票不发放红利，且美式买入期权不会提前行权，那么欧式买入期权和美式买入期权的价值是一样的

如果股票不发放红利，且美式买入期权不会提前行权，那么欧式买入期权和美式买入期权的价值是一样的。可以描述为 $C_E(S,\tau,K)=C_{US}(S,\tau,K)$。

特性之十一：卖出期权的价格不可能高过其行权价格

卖出期权（看跌期权）的价格不可能高过其行权价格，即 $K \geqslant P_{US}(S,\tau,K) \geqslant P_E(S,\tau,K)$，如图 4－3 所示。

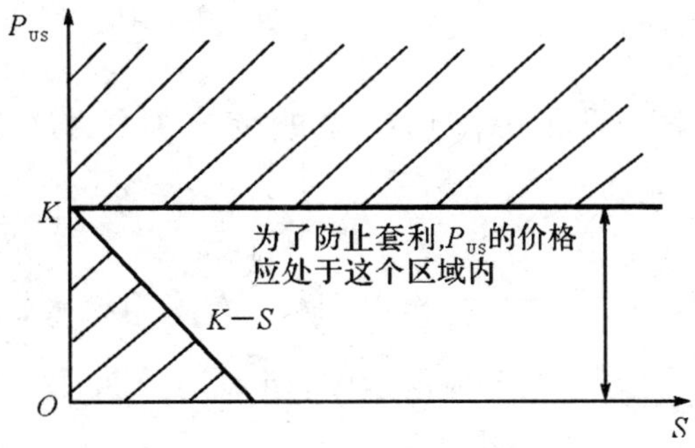

图 4－3　到期前美式看跌期权价格的上下限

特性之十二:对于具有不同行权价格的两支买入期权,具有较低行权价格的期权价值大于或等于行权价格较高的期权价值

对于具有不同行权价格的两支买入期权(看涨期权),具有较低行权价格的期权价值价大于或等于行权价格较高的期权价值,即如果 $K_1 \geqslant K_2$,则 $C_E(S,\tau,K_1) \leqslant C_E(S,\tau,K_2)$,$C_{US}(S,\tau,K_1) \leqslant C_{US}(S,\tau,K_2)$,其中,$S$ 是指两支期权的标的股是相同的。

特性之十三:对于具有不同行权价格的两支卖出期权,具有较低行权价格的期权价值小于或等于行权价格较高的期权价值

对于具有不同行权价格的两支卖出期权(看跌期权),具有较低行权价格的期权价值小于或等于行权价格较高的期权价值,即如果 $K_1 \geqslant K_2$,则 $P_E(S,\tau,K_1) \geqslant P_E(S,\tau,K_2)$,$P_{US}(S,\tau,K_1) \geqslant P_{US}(S,\tau,K_2)$,其中,$S$ 是指两支期权的标的股是相同的。

特性之十四:对于不同期限的美式期权,具有较长期限的期权价值不低于期限较短的期权价值

对于不同期限的美式期权,具有较长期限的期权价值不低于期限较短的期权价值。即如果 $\tau_1 \geqslant \tau_2$,则 $C_{US}(S,\tau_1,K) \geqslant C_{US}(S,\tau_2,K)$,$P_{US}(S,\tau_1,K) \geqslant P_{US}(S,\tau_2,K)$,其中,$S$ 是指两支期权的标的股相同,K 是指两支期权的执行价相同。

特性之十五:同一标的股和相同执行价的欧式看跌期权无法用到期期限的长短来比较价值

同一标的股和相同执行价的欧式(卖出期权)看跌期权无法用期限的长短来比较价值,因为更低的标的股的价格可能出现在期中,而不是到期日。然而,欧式期权在没有到到期日时,即使有好的机会也无法行权。

特性之十六:股票期权的价值永远不可能是负值

股票期权的价值永远不可能是负值。因为期权是一种有限责任的工具,任何期权,包括买入期权(看涨期权)和卖出期权(看跌期权)的价值都不可能为负。所以,欧式买入期

权价值 $\geqslant 0$,美式买入期权价值 $\geqslant 0$,欧式卖出期权价值 $\geqslant 0$,美式卖出期权价值 $\geqslant 0$。

如果股票期权的价值为负,也就是能得到股票期权的所有权,同时又收到现金的意思。那就是天上真的会掉馅饼了,每个人都会"买进"。持有它到期,现在就能得到一个正的现金流,而在未来不出现负的现金流,从而没有任何初始投资就可以获利无风险收益,这就是一种套利的机会。如果市场有效,这样的机会就不会存在。所以,能确定该特性的成立。

4.2　持有期内有红利发放的股票期权

特性之十七:美式买入期权在标的股红利发放前行权可能最优

美式买入期权(看涨期权)在标的股红利发放前行权可能最优。

原因是红利的发放会使标的股因除权而降价。另外,期权只是买入标的股的权利,它在没有行权前是没有分红的,红利还是股票实际持有人的。

特性之十八:欧式卖出期权价值不会低于行权价现值加上红利现值减去股价

欧式卖出期权(看跌期权)价值不会低于行权价现值加上红利现值减去股价,表示为 $P_{\mathrm{E}}(S,\tau,K) \geqslant K\epsilon^{-r\cdot\tau}+D-S_t$。

特性之十九:美式卖出期权的价值不小于欧式卖出期权

美式卖出期权(看跌期权)的价值不小于欧式看跌期权,表示为 $P_{\mathrm{US}}(S,\tau,K) \geqslant P_{\mathrm{E}}(S,\tau,K) \geqslant Ke^{-r\cdot\tau}+D-S_t$。

结合特性之十八和十九可以得到欧式和美式看跌期权价值的上限和下限关系,如图 4-4 所示。

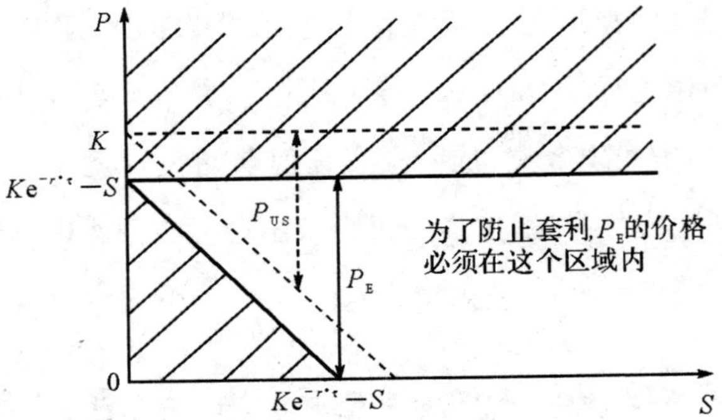

图 4－4　到期前欧式看跌期权价格的上下限

特性之二十：欧式看涨期权的价值不会低于股价减去行权价现值，再减去在期权有效期内将要支付的红利现值

欧式（买入期权）看涨期权的价值不会低于股价减去行权价现值，再减去在期权有效期内将要支付的红利现值。即$C_E(S,\tau,K)\geqslant S_t-Ke^{-r\cdot\tau}-D$，其中$D$是红利现金流的现值总和。

总结：这些关于股票期权的理论都是灰色的，而实战之树常青。大家不要刻意背下这些期权的特性，只作一般性的浏览即可。因为通过一段时间的实践，才会真正认识到期权的这些特性。想一想就知道，确实是那么一回事。无须解释，也不需要证明。

漫画

赛　船

读书驿站

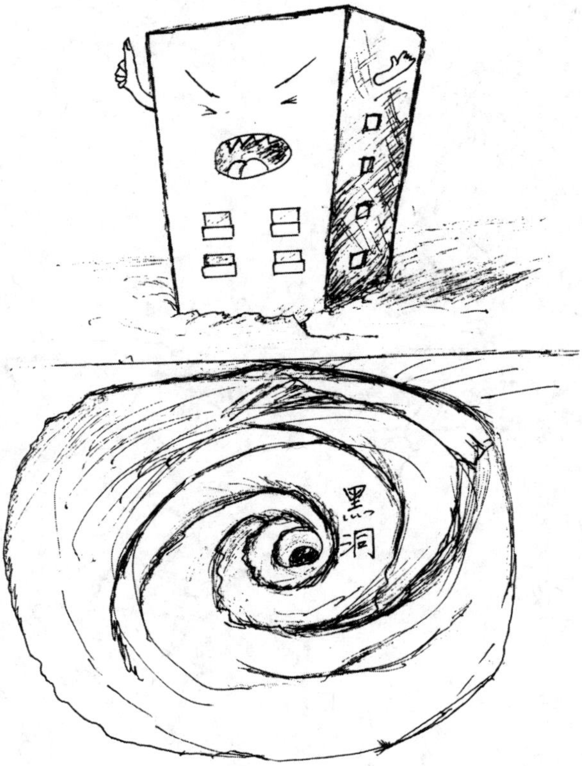

负债往往是无形的，看不见的
资产往往是有形的，看得见的

有人说：这是实体企业，有这么大的楼在，有啥不放心…… 快来投资，高回报哟！

这就是所谓的坑吧，楼下坑有多深，用肉眼是看不到的。因此受害人很多。

注：净资产＝资产－负债

第5章 买入期权和卖出期权的平价关系

事物之间存在着普遍联系，或以看得到的方式或以看不到的方式。

巴林银行事件

英国皇室成了巴林银行的客户，银行因此而荣耀非凡。也是由于巴林银行的卓越贡献，巴林家族先后获得了5个世袭的爵位。这可算得上一个世界纪录，从而奠定巴林银行显赫地位的基础。

里森于1989年7月10日正式到巴林银行工作。这个人善于逻辑推理，能快速解决以前未能解决的许多问题，工作有了起色。他被视为期货与期权结算方面的专家，伦敦总部在海外给他安排一个新职务。1992年，巴林总部决定派他到新加坡分行成立期货与期权交易部门，并出任总经理。

1995 年，他私自在日经指数期货上下单，累计造成损失 86 000 万英镑，而此时的巴林银行全部股份资金只有 47 000 万英镑。其以一人之错终结了世界上最老牌的巴林银行的命运。

327 国债事件

“327”是“92(3) 国债 06 月交收”国债期货合约的代号，对应 1992 年发行 1995 年 6 月到期兑付的 3 年期国库券，该券发行总量是 240 亿元人民币。

有人说是中国证券史上的“巴林银行事件”，外媒《英国金融时报》则将 1995 年 2 月 23 日称为中国证券史上最黑暗的一天。

1995 年，宏观调控要求三年内大幅降低通货膨胀率，经过努力，初见成效，通胀率已经被控下调了 2.5% 左右。而在之前的三年里，通胀率一直居高不下。当时的保值贴息率一直在 7% ～ 8% 的水平上。

此时，万国证券团队预测，“327”国债的保值贴息率不可能上调，即使不下降，也应维持在 8% 的水平。按照这一计算，“327”国债将以 132 元的价格兑付。因此当市价在 147 ～ 148 元波动的时候，万国证券联合辽宁 GF 集团，成为了市场空头主力。

然而，另外一边，1995 年的中国经济开发有限公司(简称中经开)，隶属于财政部，认为财政部将上调保值贴息率。因此，中经开成为了多头主力。

1995 年 2 月 23 日，财政部发布公告，“327”国债将按 148.50 元兑付，空头预测彻底错误。当日，多方借利好大肆买入，将价格推到了 151.98 元。之后辽宁 GF 集团由空翻多，将持有的 50 万手做空单迅速平仓，反手买入 50 万手做多，“327”国债在 1 分钟内涨了 2 元。这对于万国证券无疑是一个沉重打击——60亿元人民币的巨额亏损。万国证券为了维护自身利益，在收盘前 8 分钟时，做出避免巨额亏损的疯狂举措：大举透支卖出国债期货，做空国债。下午收盘前，在手头并没有足够保证金的前提下，空方突然发难，先以50万手把价位从 151.30 元打到 150 元，然后把价位打到 148 元，最后一个 730 万手的巨大卖单把价位打到 147.40 元。而这笔 730 万手卖单面值1 460亿元。当日开盘的多方全部爆仓，并且由于时间仓促，多方根本没有来得及有所反应，使得这次激烈的多空绞杀终于以万国证券盈利而告终。以中经开为代表的多头，则出现了约 40 亿元的巨额亏损。

1995 年 2 月 23 日晚上十点，上交所在经过紧急会议后宣布：1995 年 2 月 23 日 16 时 22 分 13 秒之后的所有交易是异常的、无效的，经过此调整当日国债成交额为 5 400亿元，当日

“327”品种的收盘价为违规前最后签订的一笔交易价格151.30元。这也就是说当日收盘前8分钟内空头的所有卖单无效，“327”产品兑付价由会员协议确定。上交所的这一决定，使万国证券的尾盘操作收获瞬间化为泡影。万国证券亏损56亿元人民币，被迫重组。

两个事件诱因复杂，但其中有一点就是忽视了衍生品和标的股的内在联系。

对于同一标的股，相同的到期期限。买入期权（看涨期权）和卖出期权（看跌期权）之间存在着价格联动关系。我们称之为平价关系。确切地说，买入期权（看涨期权）-卖出期权（看跌期权）平价关系是指，有相同执行价格 K 和相同到期日的欧式买入期权（看涨期权）的价格 C 和卖出期权（看跌期权）的价格 P 之间的强套利关系。

5.1 标的股无红利派发的欧式看涨期权和看跌期权间的平价关系

还是由简入繁，先考虑在期权有效期内没有红利的股票的欧式买入期权（看涨期权）和卖出期权（看跌期权）。以下面的资产组合为例。

我们来试作以下交易：

(1) 卖出一份相同股票的买入期权，行权价格为 K，距离到期的时间为 τ；

(2) 买入一份相同股票的卖出期权，行权价格为 K，距离到期的时间为 τ；

(3) 买入一股股票；

(4) 使用卖出还有 $\tau = T - t$ 时间到期的零息债券的方法获得借款 $Ke^{-r\tau}$。

该资产组合结果的现金流见表5-1。

上述交易能得到组合 $C_E - P_E - S + Ke^{-r(T-t)}$。通过对表5-1的观察，不管股票的价格怎样变动，到期时这个资产组合的未来现金流都将是0。

情形一：$S_T = K$，平值期权，买入期权和卖出期权到期时都放弃交割，卖出股票所得到的现金将刚好偿还借款。

情形二：$S_T < K$，卖出期权到期时为实值，买入期权将不执行。用卖出期权的行权价

格卖出股票，得到的现金将正好偿还借款。

情形三：$S_T > K$，买入期权到期时为实值，卖出期权将不执行。看涨期权要求被执行，所以交割股票，所得的现金将正好偿还借款。

其中，S_T 为期权到期时的股票价格，K 为买卖期权的执行价格。

表 5－1　资产组合结果的现金流

	t 时刻现金流	T 时刻	
		$S_T > K$	$S_T < K$
借　款	$Ke^{-r(T-t)}$	$-K$	$-K$
卖出看涨期权	C_E	$K - S_T$	0
买入看跌期权	$-P_E$	0	$K - S_T$
买入股票	$-S$	S_T	S_T
总　计	$C_E - P_E - S + Ke^{-r(T-t)}$	0	0

如果做一个反向交易，即购买一个买入期权；卖出一个看跌期权；卖空一股股票；贷出资金。则在 $S_T=K, S_T<K, S_T>K$ 这三种情况下未来的现金流也是0。为了防止任何套利机会，这些头寸所要求设置的任何初始投资也要等于0，这是必要条件，就是 $C_E - P_E - S + Ke^{-r(T-t)} = 0$。该等式就是无红利支付股票的欧式期权的看跌-看涨平价关系理论。

欧式看跌期权的价值也是一个资产组合的价值，这个资产组合由一份看涨期权，标的股的空头头寸，以及面值为 K、剩余期限为 τ 的零息债券组成，即 $P_E = C_E - S + Ke^{-r(T-t)}$。一旦这个关系在实际市场不成立，就可以用零投资获得确定的利润：① 卖出被高估的期权；② 购买被低估的期权；③ 以股票和借贷相呼应。

【例 5－1】

6个月的股票看涨期权报价为3.5元，6个月的股票看跌期权报价为2.5元。二者的行权价格 $K=45$ 元，标的股的报价 $S=45$ 元，6个月期贷款的年化连续复利率为6%。

先计算 $Ke^{-r(T-t)} = 45 \times e^{-0.06\times0.5} = 43.67$ 元，根据已知条件，看涨期权的价格为3.5元，

运用看跌-看涨价格关系，得到看跌期权的理论价格为 2.17 元，即

$$P_E = C_E - S + Ke^{-r(T-t)} = 3.5 - 45 + 43.67 = 2.17\ (元)$$

因此，看跌期权相对于看涨期权被高估，或者反过来讲，看涨期权相对于看跌期权被低估。

套利策略应该这样操作：以 2.5 元的价格卖出一个看跌期权，按 3.5 元的价格买入一个看涨期权，以 45 元卖出一股股票，并以 6% 的年利率贷出 43.67 元，6 个月后收回。这样的策略可以立即获得净利 0.33 元，正好等于看跌期权相对被高估的价值。到期时，没有其他的损益。

5.2 标的股支付已知红利的欧式看涨期权和看跌期权间的平价关系

在交易市场中，经常发生这样的事情，除息后股票价格下跌的幅度正好等于每股的现金红利，与没有分红利的情况相比，看跌期权价值更高，而看涨期权价值更低。现金红利会对看跌-看涨平价关系有直接的影响。

假设股票在时刻 t_1 派发股利 d_1。我们试比较两个资产组合：资产组合 X 含一股股票和一个卖出期权；资产组合 Y 含一个买入期权，价值为 K 的在期权到期日到期的纯贴现债券(面值为1元)，以及价值为 d_1 和时刻 t_1 到期的纯贴现债券(面值为1元)。资产组合的期末价值见表 5-2。

表 5-2　将收到的红利按无风险利率再投资的情况下资产组合的期末价值

资产组合	t 时刻的价值	T 时刻的价值	
		$S_T \geqslant K$	$S_T < K$
X	$P_E + S$	$S_T + d_1 e^{r(T-t_1)}$	$K + d_1 e^{r(T-t_1)}$
Y	$C_E + Ke^{-r(T-t)} + d_1 e^{-r(t_1-t)}$	$S_T + d_1 e^{r(T-t_1)}$	$K + d_1 e^{r(T-t_1)}$

从结果来看，不管期权到期时股票价格怎样，资产组合X和Y的期末价值是一样的。因此，为了避免出现套利的机会，资产组合的初始价值也必须相同，即

$$P_E + S = C_E + Ke^{-r(T-t)} + d_1 e^{-r(t_1-t)}$$

将等式整理，得

$$C_E - P_E - S + Ke^{-r(T-t)} + d_1 e^{-r(t_1-t)} = 0$$

从而将这个关系扩展到多期红利支付的情形，假设D为期权到期前标的股所有将要支付的现金红利的现值总和。看跌-看涨平价为

$$C_E - P_E - S + D + Ke^{r(T-t)} = 0$$

即

$$C_E - P_E - (S - D) + Ke^{r(T-t)} = 0$$

在这个变化中，与无红利的股票相比，可以换个角度理解为，将原来的股票价格用股价与红利现值的差代替，就可以得到多期红利支付情形的平价关系。不过，这个关系只适用于欧式期权，对于美式期权不适用。

5.3　标的股无红利派发的美式看涨期权和看跌期权间的平价关系

回顾一下股票期权的特性，从特性之十得出结论，无红利派发的美式股票看涨期权不宜在到期日前执行，因为提前执行的权利是没有价值的。也就是说，无红利派发的美式股票看涨期权价格与同条件的欧式股票看涨期权的价值相同。

而美式看跌期权又是另一种情况，因为它提前行权可能是最优的，所以，美式看跌期权将比等价的欧式期权可能更有价值。

依据以上推断，得到美式看跌-看涨期权平价为

$$C_{US} - S + Ke^{-r(T-t)} \leqslant P_{US} \leqslant C_{US} - S + K$$

【例 5－2】

以股票600×35的6个月期美式看跌期权和6个月期美式看涨期权为例，行权价格均为50元。股票价格为50.50元，看跌期权价格为2.8元，看涨期权价格为4.5元。6个月期的国库券卖价为96.35元。相对于看涨期权，看跌期权的定价是否正确呢？

解　看跌期权的价格下限为

$$C_{\mathrm{US}} - S + K\mathrm{e}^{-r(T-t)} = 4.5 + (50 \times 0.9635) - 50.50 = 2.175(\text{元})$$

上限为

$$C_{\mathrm{US}} - S + K = 4.5 + 50 - 50.50 = 4(\text{元})$$

因为 $2.175 < P_{\mathrm{US}} = 2.8 < 4$，看跌期权价格处于这两个限制之间。因此相对于看涨期权，看跌期权定价正确。

5.4　标的股支付已知红利的美式看涨期权和看跌期权间的平价关系

已知红利支付，则美式股票期权的看跌-看涨平价关系为

$$C_{\mathrm{US}} - S + K\mathrm{e}^{r(T-t)} \leqslant P_{\mathrm{US}} \leqslant C_{\mathrm{US}} - S + K + D = C_{\mathrm{US}} - (S - D) + K$$

$$S - D < S$$

相比于无红利支付的美式期权，价格上限提高了。

说明：

(1) D 是红利的现值。

(2) 红利的支付变向提高了 P_{US} 价值。

(3) $\mathrm{e} = 2.71828\cdots$，是常数。

漫 画

有办法

读书驿站

投资回收期10年

张先生是一个普通的工作者，没有其他投资渠道，也不愿意承担风险，只想通过买房10年后收回投资。

1. 初始买房总成本50万元；

2. 每年能稳定收到房租2万元，且10年后房子能以 X 元卖出。

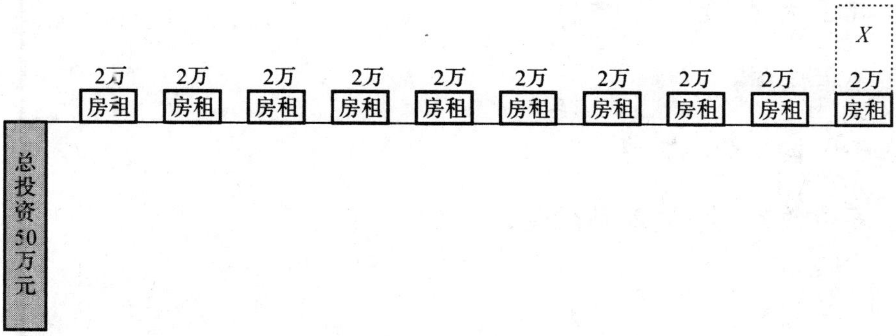

您觉得最后卖得 X 的大小都和下列哪些因素有关？

(1)10年中每年的一年期定存利率；

(2)10期0息国债价格；

(3) 通胀率；

(4) 房产税；

(5) 所得税；

(6) 当地平均工资收入水平；

(7) 土地价格变动;

(8) 土地使用政策变动;

(9) 拆迁;

(10) 空气质量;

(11) 治安状况;

(12) 工业区规划;

(13) 风水;

(14) 人口政策;

(15) 健康状况;

(16) 工程质量;

(17) 小区物业费及服务;

(18) 周边教育,交通,商业配套。

所有的资产,如房产,股票,汽车,项目投资,机器设备等,都可以找到对应的估价方式,资产的价值一般在于它未来能产出多少收入。

第6章 股票期权定价模型

权益类资产，上蹿下跳，如猴子一般，那猴子该怎样定价呢？

一商贩到了一个山村，村子周围的山里全是猴子。商贩就和村民说，我买猴子，100元一只。村民不知是真是假，试着抓猴子，商贩果然给了100元。不久，全村人都去抓猴子，这比种地容易得多。

很快商贩买了2 000只猴子，山上猴子急剧减少。

这时商贩又出价200元一只买猴子。村民见猴价翻番，纷纷去抓，商贩又买！但已经很难抓到猴子。商贩又出价300元一只买猴子，可是，只买到了寥寥几只。因为村民几乎抓不到猴子了。

商贩开始出价500元一只！可山上猴子几乎绝迹，原来生活在山上的3 000多只猴子全在商贩手里。

又过了好多天，商贩有事回城，派他助手到村里和农民们说，他有猴子，300 元一只卖你们，他急等用钱，等不到商贩回来收购。你们可以等商贩回来，然后你们 500 元卖给商贩，你们可以赚差价呢。

村民们疯了一般，砸锅卖铁凑钱，把 3 000 多只猴子全买！

助手带着钱走了，商贩再也没有回来。

村民们等了很久，他们坚信商贩会回来 500 元买他们的猴子！

终于有人等不及，因为猴子要吃香蕉，有费用，只好忍痛把猴子放回山里，山里猴子越来越多！村子周围到处都是猴子。

猴子是值 100 元、200 元、300 元还是值 500 元？所以，知道猴子到底值多少钱非常重要！

除了可以模糊确定期权的价值区域以外，还可以用期权定价模型进行较准确的定价。这里只介绍布莱克-休尔斯-默顿模型和二叉树定价模型。

6.1 布莱克-休尔斯期权定价公式

1997 年，休尔斯(Scholes) 和莫顿(Meton) 以其期权定价模型获得了诺贝尔经济学奖。该模型和相关的买入期权(看涨期权) 和卖出期权(看跌期权) 公式掀起了一场金融理论和实践的革命。

布莱克(Black) -休尔斯(Scholes) -默顿(Meton) 公式成为第一次也是最广泛使用的期权公式，这一公式给出了单支股票的欧式买入期权(看涨期权) 和卖出期权(看跌期权) 精确价值的确切表达。

公式需要一些理想的条件，作了以下几个假设：

(1) 不存在套利的可能；

(2) 无风险利率 r 为常数(正常市场中利率是连续波动的)；

(3) 标的股的价格波动率 σ 为常数(波动率一般只有历史数据，会发生变化)；

(4) 标的股的价格波动服从对数正态分布，即连续复利收益率服从正态分布；

(5) 标的股不支付任何红利或现金流；

(6) 完全的连续时间市场：投资者可以在任何时间交易，不存在交易成本和税收，没有卖空限制。

满足上述条件后，就可以导出公式，过程非常复杂，这里忽略。

欧式看涨期权表达式为

$$C_E = S \cdot N(d_1) - Ke^{-r\tau} \cdot N(d_2)$$

$$d_1 = \frac{\ln(S/K) + (r + \sigma^2/2)\tau}{\sigma\sqrt{\tau}}, \quad d_2 = d_1 - \sigma\sqrt{\tau}$$

式中，C_E —— 欧式买入期权的价值；

S —— 当前股票价格；

τ —— 距离到期的时间，以年为单位计算；

K —— 行权价格；

σ —— 标的股的年化波动率；

r —— 连续复利累计的年化无风险利率；

$N(\cdot)$ —— 标准正态随机变量的累计分布函数(见表 6－1)。

表 6－1　标准正态分布表

x	0	0.01	0.02	0.03	0.04	0.05	0.06	0.07	0.08	0.09
0.0	0.500 0	0.504 0	0.508 0	0.512 0	0.516 0	0.519 9	0.523 9	0.527 9	0.531 9	0.535 9
0.1	0.539 8	0.543 8	0.547 8	0.551 7	0.555 7	0.559 6	0.563 6	0.567 5	0.571 4	0.575 3
0.2	0.579 3	0.583 2	0.587 1	0.591 0	0.594 8	0.598 7	0.602 6	0.606 4	0.610 3	0.614 1
0.3	0.617 9	0.621 7	0.625 5	0.629 3	0.633 1	0.636 8	0.640 6	0.644 3	0.648 0	0.651 7
0.4	0.655 4	0.659 1	0.662 8	0.666 4	0.670 0	0.673 6	0.677 2	0.680 8	0.684 4	0.687 9
0.5	0.691 5	0.695 0	0.698 5	0.701 9	0.705 4	0.708 8	0.712 3	0.715 7	0.719 0	0.722 4
0.6	0.725 7	0.729 1	0.732 4	0.735 7	0.738 9	0.742 2	0.745 4	0.748 6	0.751 7	0.754 9
0.7	0.758 0	0.761 1	0.764 2	0.767 3	0.770 4	0.773 4	0.776 4	0.779 4	0.782 3	0.785 2
0.8	0.788 1	0.791 0	0.793 9	0.796 7	0.799 5	0.802 3	0.805 1	0.807 8	0.810 6	0.813 3
0.9	0.815 9	0.818 6	0.821 2	0.823 8	0.826 4	0.828 9	0.831 5	0.834 0	0.836 5	0.838 9
1.0	0.841 3	0.843 8	0.846 1	0.848 5	0.850 8	0.853 1	0.855 4	0.857 7	0.859 9	0.862 1

续表

x	0	0.01	0.02	0.03	0.04	0.05	0.06	0.07	0.08	0.09
1.1	0.864 3	0.866 5	0.868 6	0.870 8	0.872 9	0.874 9	0.877 0	0.879 0	0.881 0	0.883 0
1.2	0.884 9	0.886 9	0.888 8	0.890 7	0.892 5	0.894 4	0.896 2	0.898 0	0.899 7	0.901 5
1.3	0.903 2	0.904 9	0.906 6	0.908 2	0.909 9	0.911 5	0.913 1	0.914 7	0.916 2	0.917 7
1.4	0.919 2	0.920 7	0.922 2	0.923 6	0.925 1	0.926 5	0.927 9	0.929 2	0.930 6	0.931 9
1.5	0.933 2	0.934 5	0.935 7	0.937 0	0.938 2	0.939 4	0.940 6	0.941 8	0.942 9	0.944 1
1.6	0.945 2	0.946 3	0.947 4	0.948 4	0.949 5	0.950 5	0.951 5	0.952 5	0.953 5	0.954 5
1.7	0.955 4	0.956 4	0.957 3	0.958 2	0.959 1	0.959 9	0.960 8	0.961 6	0.962 5	0.963 3
1.8	0.964 1	0.964 9	0.965 6	0.966 4	0.967 1	0.967 8	0.968 6	0.969 3	0.969 9	0.970 6
1.9	0.971 3	0.971 9	0.972 6	0.973 2	0.973 8	0.974 4	0.975 0	0.975 6	0.976 1	0.976 7
2.0	0.977 2	0.977 8	0.978 3	0.978 8	0.979 3	0.979 8	0.980 3	0.980 8	0.981 2	0.981 7
2.1	0.982 1	0.982 6	0.983 0	0.983 4	0.983 8	0.984 2	0.984 6	0.985 0	0.985 4	0.985 7
2.2	0.986 1	0.986 4	0.986 8	0.987 1	0.987 5	0.987 8	0.988 1	0.988 4	0.988 7	0.989 0
2.3	0.989 3	0.989 6	0.989 8	0.990 1	0.990 4	0.990 6	0.990 9	0.991 1	0.991 3	0.991 6
2.4	0.991 8	0.992 0	0.992 2	0.992 5	0.992 7	0.992 9	0.993 1	0.993 2	0.993 4	0.993 6
2.5	0.993 8	0.994 0	0.994 1	0.994 3	0.994 5	0.994 6	0.994 8	0.994 9	0.995 1	0.995 2
2.6	0.995 3	0.995 5	0.995 6	0.995 7	0.995 9	0.996 0	0.996 1	0.996 2	0.996 3	0.996 4
2.7	0.996 5	0.996 6	0.996 7	0.996 8	0.996 9	0.997 0	0.997 1	0.997 2	0.997 3	0.997 4
2.8	0.997 4	0.997 5	0.997 6	0.997 7	0.997 7	0.997 8	0.997 9	0.997 9	0.998 0	0.998 1
2.9	0.998 1	0.998 2	0.998 2	0.998 3	0.998 4	0.998 4	0.998 5	0.998 5	0.998 6	0.998 6
3.0	0.998 7	0.998 7	0.998 7	0.998 8	0.998 8	0.998 9	0.998 9	0.998 9	0.999 0	0.999 0
3.1	0.999 0	0.999 1	0.999 1	0.999 1	0.999 2	0.999 2	0.999 2	0.999 2	0.999 3	0.999 3
3.2	0.999 3	0.999 3	0.999 4	0.999 4	0.999 4	0.999 4	0.999 4	0.999 5	0.999 5	0.999 5
3.3	0.999 5	0.999 5	0.999 5	0.999 6	0.999 6	0.999 6	0.999 6	0.999 6	0.999 6	0.999 7
3.4	0.999 7	0.999 7	0.999 7	0.999 7	0.999 7	0.999 7	0.999 7	0.999 7	0.999 7	0.999 8
3.5	0.999 8	0.999 8	0.999 8	0.999 8	0.999 8	0.999 8	0.999 8	0.999 8	0.999 8	0.999 8
3.6	0.999 8	0.999 8	0.999 9	0.999 9	0.999 9	0.999 9	0.999 9	0.999 9	0.999 9	0.999 9
3.7	0.999 9	0.999 9	0.999 9	0.999 9	0.999 9	0.999 9	0.999 9	0.999 9	0.999 9	0.999 9
3.8	0.999 9	0.999 9	0.999 9	0.999 9	0.999 9	0.999 9	0.999 9	0.999 9	0.999 9	0.999 9
3.9	1.000 0	1.000 0	1.000 0	1.000 0	1.000 0	1.000 0	1.000 0	1.000 0	1.000 0	1.000 0
4.0	1.000 0	1.000 0	1.000 0	1.000 0	1.000 0	1.000 0	1.000 0	1.000 0	1.000 0	1.000 0

欧式卖出期权表达式为

$$P_E = Ke^{-r\tau} \cdot N(-d_2) - S \cdot N(-d_1)$$

其中
$$d_1 = \frac{\ln(S/K) + (r + \sigma^2/2)\tau}{\sigma\sqrt{\tau}}, \quad d_2 = d_1 - \sigma\sqrt{\tau}$$

【例 6-1】

股票 600××9 的价格 $S=290$ 元，行权价 $K=270$ 元，年利率 $r=1\%$（连续复利），期限 $T-t=\tau=6$ 个月（假设 6 个月为 180 天，一年为 360 天），收益率的标准差，即波动率 $\sigma=30\%$。运用布莱克-休尔斯期权定价公式，计算看涨期权的价格是多少？

解 行权价的现值 $=Ke^{-r(T-t)}=270\times e^{-0.01\times 180\div 360}=268.65$（元）

代入公式

$$d_1 = \frac{\ln(S/K) + (r + \sigma^2/2)\tau}{\sigma\sqrt{\tau}} = \frac{\ln(290/270) + (0.01 + 0.3^2/2)\times 0.5}{0.3\times\sqrt{0.5}} = 0.466\,497$$

$$d_2 = d_1 - \sigma\sqrt{\tau} = 0.466\,497 - 0.3\times\sqrt{0.5} = 0.254\,365$$

用插值法计算 $N(d_1)$ 和 $N(d_2)$ 的值：

$$N(d_1) = N(0.466\,497) = N(0.46) + 0.649\,7\times[N(0.47) - N(0.46)] =$$
$$0.677\,2 + 0.649\,7\times(0.680\,8 - 0.677\,2) = 0.679\,5$$

$$N(d_2) = N(0.254\,365) = N(0.25) + 0.436\,5\times[N(0.26) - N(0.25)] =$$
$$0.598\,7 + 0.436\,5\times(0.602\,6 - 0.598\,7) = 0.600\,4$$

以 $N(0.57)$ 为例，说明查表的方法。$N(0.57)$ 就是纵坐标 0.5 和横坐标 0.07 所确定的表上数字 0.715 7。因为 $N(0.57) < N(0.576\,915) < N(0.58)$，所以将 $N(0.58)$，$N(0.57)$ 得数作差再用 0.691 5 作比率，来修正 $N(0.57)$。这种方法在正态分布数据计算中经常用到。

$$C_E = S\cdot N(d_1) - Ke^{-r\tau}\cdot N(d_2) = 290\times 0.679\,5 - 268.65\times 0.600\,4 = 35.76\text{（元）}$$

这就是欧式买入期权的理论价格。

只看公式和数据的确有点抽象。我们可以把公式分为前后两项来更直观地理解一下：

第一项 $S\cdot N(d_1)$ 可以理解为股票 S 未来预期价格的现值。用风险中性概率 $N(d_1)=N(0.466\,497)=0.679\,5$ 来预测 290 元的股票，预期现值是 $290\times 0.679\,5=197.06$ 元。

第二项 $Ke^{-rt} \cdot N(d_2)$ 可以理解为预期期权行权成本，期望值也是基于风险中性概率得到的。

例 6-1 中期权成本现值就是 268.65×0.600 4＝161.30 元。因此未来的总收入现值减去未来的成本现值，就是期权价值的现值。即 197.06－161.30＝35.76 元。

需要注意的是，股票的波动率、无风险利率、剩余期限、行权价格和股票价格，是共同影响期权价值的因素。

对于初学者来说，能够理解利用公式计算无红利支付的欧式看涨期权和欧式看跌期权就足够了。

6.2　二叉树股票期权定价模型

二叉树模型更加直观，数学上也更为简单，尤其是在对美式期权进行定价方面。

二叉树模型也叫二项期权定价模型。最基础的二叉树模型是单步二叉树模型，也就是距到期日只有一期。假设买入期权的执行价格为 K，有效期内股票没有红利发放。

二项期权定价模型假设股价波动只有向上和向下两个方向，且在整个考察期内，股价每次向上（或向下）波动的概率和幅度不变。用数学语言和图形进一步阐述：

股票价格可能上升至 $u \cdot S$，其概率为 q；或者下降到 $d \cdot S$，其概率为 $1-q$。其中，u，d 分别是指涨幅和跌幅。这一简单的设定可以用图 6-1 表示。

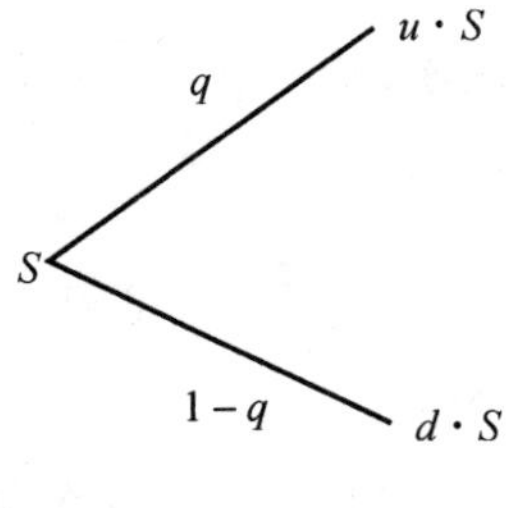

图 6-1　可能的股价变动（一期）

为了便于研究，假设 C 表示看涨期权的当前价值，C_u 表示期末股价上涨到 $u \cdot S$ 时的期权价值，而 C_d 表示期末股价下跌到 $d \cdot S$ 时的期权价值。因为看涨期权的有效期只剩下一期，所以得到 $C_u = \max(u \cdot S - K, 0)$，$C_d = \max(d \cdot S - K, 0)$。这种情形可以用图 6-2 表示。

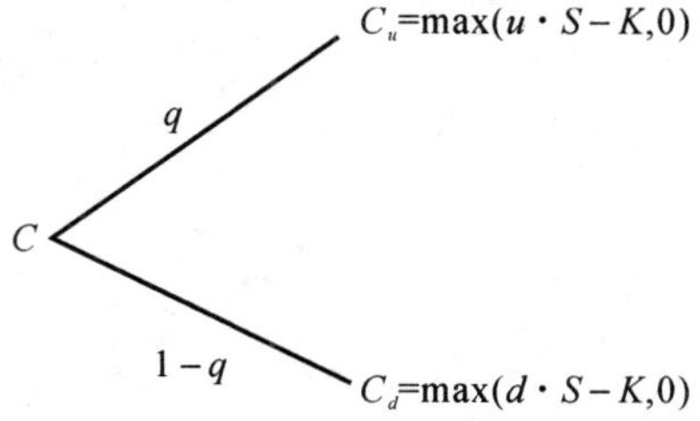

图 6-2　看涨期权价格变动(一期)

图 6-2 中，C_u 和 C_d 是已知的，C 是未知的。怎样由 C_u 和 C_d 得到 C 呢？

本书是基础类教材，没有引入推导过程而是直接给出下面的计算方法，有

$$C = \frac{C_u \cdot \pi + C_d \cdot (1 - \pi)}{1 + r}$$

其中，$\pi = \dfrac{1 + r - d}{u - d}$，$r$ 为无风险利率。

这是看涨期权的最简单定价公式。多期的二叉树股票期权的定价方式以此类推，所获得的期数和数据越多，计算结果越接近用布莱克－休尔斯期权定价公式算出的结果。

点滴要领

回到本章的导入案例。村民可以交点订金，先把猴子拿下，不管它值多少钱。这样，到期时，如果猴子的市价高于事先说好的价格，就转卖猴子。如果市价低于事先谈好的价格，订金就认赔了。

可能有村民要问：商贩的助手叫啥？他把猴子描绘得如梦如幻，让村民听得如痴如醉！坚信财富唾手可得！

大家试着帮他们回答，看看以下八项中，哪项最符合助手的身份？

① 分析师；② 投资顾问；③ 财经类节目；④ 券商；⑤ 报纸；⑥ 上市公司；⑦ 地产商；⑧ 其他。

漫 画

安全降落

读书驿站

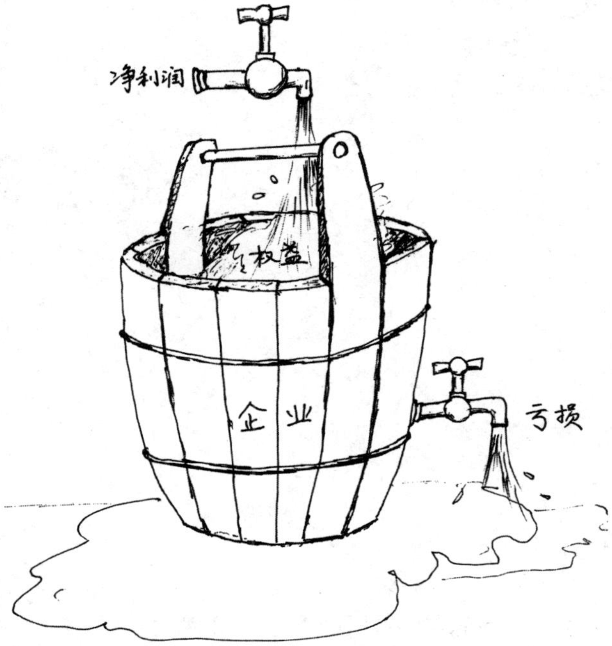

站在经营者的位置看企业

桶中留下的水就是每股净资产，即股东权益，企业的价值每时每刻都在变化，就看是进水快还是出水快！

第 7 章 静态保险策略

股市中最常听到的一句话就是，我买了 ×× 股票，帮我看一下现在怎么办呢？

7.1 买入买入期权静态保险策略

看好一家上市公司，未必要买入它的股票，可以用看涨期权来代替这项投资。这就是买入买入期权的最大好处。

【例 7－1】

张先生拟以每股 13.90 元的价格买入 5 000 股 A 股票，并持股一个月。同时，市场上有该股的买入期权，1 个月后到期、行权价为 13.75 元，交易价为 0.15 元 / 股，合约规模为 5 000。市场中一个月的贷款年收益率为 6%。

张先生可以买入标的股 X，也可以买入看涨期权，同时将现金以年利率 6% 贷出一个月。

假设一个月后，股价上涨了 10% 或下跌了 10%。

我们来比较一下这两个策略，见表 7－1。

表 7－1　策略收益对比

组　合	初期投资	股价上涨 10% 时的收益	股价下跌 10% 时的收益
买入标的股 A	13.90 × 5 000 = 69 500 元	69 500 × 10% = 6 950 元	69 500 × (−10%) = −6 950 元
买入看涨期权同时将余下的资金贷出	$0.15 \times 5\,000 - (69\,500 - 750) \times 6\% \times \frac{1}{12} =$ 406.25 元	(13.90 × 110% − 13.75) × 5 000 − 406.25 = 7 293.75 元	−406.25 元

如图 7－1 所示，不论是上涨还是下跌 10%，买入买入期权都好过持股策略。

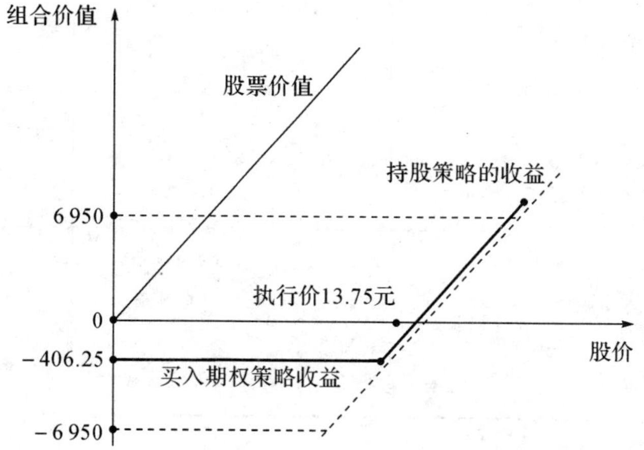

图 7－1　买入期权保险策略与持股策略收益比较

7.2 买入卖出期权静态保险策略

现在可以回答前面的问题了。当有人问你“我买了××股，帮我看一下现在怎么办呢？”的时候，有人很诙谐，截一张“后悔药”的图片给他；也有人这样说：买入卖出期权，将您的股票“保险”起来。

前面提到的张先生是可以不用买“后悔药”的，因为他买入前就有两个方案可选择。对于已经买了股票的李先生，也不必去找“后悔药”，可以采用买入卖出期权（看跌期权）静态保险策略，将持仓保护起来。

【例 7－2】

李先生以每股 13.90 元的价格买入了 5 000 股 A 股票，同时买入 1 月到期、行权价为 13.75 元的认沽期权，权利金为 0.13 元／股，合约规模为 5 000。

我们比较一下，上涨 10% 和下跌 10% 时，只单一持有股票，没有买入卖出期权和买入卖出期权的静态保险策略的收益情况（见表 7－2），如图 7－2 所示。

表 7－2 策略收益对比

组合	初期投资	股价上涨 10% 时的净收益	股价下跌 10% 时的净收益
买入标的股 A	13.90×5 000＝69 500 元	69 500×10%＝6 950 元	69 500×(－10%)＝－6 950 元
买入卖出期权静态保险策略	0.13×5 000＋13.90×5 000＝70 150 元	69 500×10%－650＝6 300 元	－650－(13.9－13.75)×5 000＝－1 400 元

买入卖出期权静态保险策略，通过买入卖出期权，锁定了持仓头寸的最大损失。

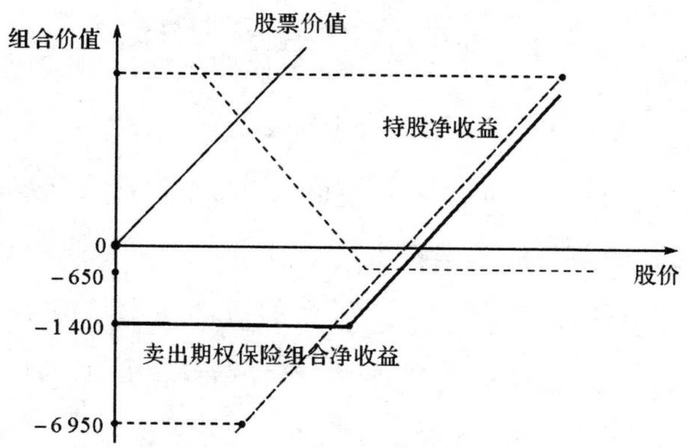

图 7-2　持股策略和卖出期权保险策略净收益比较

7.3　期权费用来自组合内部的卖出期权静态保险策略

初始的保险费用，即购买看跌期权的费用，假如该费用是来自基金内部，应怎样分配资金呢？就是买多少金额的卖出期权，买多少市值的股票。从市值分配的角度很好理解，我们直接给出如下公式，有

$$V_0 = S_0 + N_P \cdot k \cdot P(I_0, T, K)$$

其中，V_0 为资产组合的初始价值；S_0 是买入卖出期权后的资产价值；N_P 是期权合约的手数；k 为期权的合约规模；$P(I_0, T, K)$ 是卖出期权的价格，K 为 P 的执行价格。

因为

$$N_P = \frac{\text{风险资产投资价值}}{\text{指数水平} \times \text{合约价值}} = S_0/(k \cdot I_0)$$

所以

$$V_0 = S_0 + P(I_0, T, K) \cdot S_0/I_0$$

分解为

$$\text{投资于风险资产的比例} = \frac{\text{风险资产}}{\text{风险资产} + \text{期权价值} \times \text{风险资产}/\text{指数初期价值}} = \frac{\text{指数初期价值}}{\text{指数初期价值} + \text{期权价格}}$$

$$投资于看跌期权的比例=\frac{期权价格}{指数初期价值+期权价格}$$

【例 7－3】

投资者王先生原来持有 A 股 0021×5，市值为 1 000 万元，每股价格是 100 元。由于市场环境发生变化，预期股价下跌的概率在上升。于是，王先生决定卖出部分标的股，用卖出获得的现金买入卖出期权，刚好可以保护剩余的市值在半年内不会少于 90%。市场上存在 $P_E=1.2$ 元，$K=90$ 元，期限是半年期，期权合约规模是 1。那么，王先生应卖出多少股票，买入多少看跌期权呢？

解　$$投资于看跌期权的比例=\frac{期权价格}{股票初期价值+期权价格}=\frac{1.2}{100+1.2}=3/253$$

$$买入期权的金额=1\,000\times 3/253=11.857\,7(万元)$$

$$保留的股票市值=1\,000-11.857\,7\approx 988(万元)$$

$$988\times 1\,0000\div 100=98\,800(股)$$

需要买入 98 800 份看跌期权就能保护市值在半年后不少于 90%。

尽管如此，使用期权静态保险方法还是有缺陷的，比如：

(1) 期权和资产的期限不匹配，资产要保护的时间是一年，而只有 6 个月期限的期权，反复交易会增加成本；

(2) 买不到欧式期权时，只能买美式期权，相对较贵；

(3) 所需要的期权的流动性不足；

(4) 基础资产的期权可能不存在；

(5) 如例题所示，都会取整约数。

因此，使用期权进行动态保险也是必要的。

点滴要领

任何股票，都是权益类资产。它具有账面价值、市场价值和清算价值。而市场价值往往高于账面价值和清算价值。高出的价格，可以理解为看涨期权。而期权的价值是波动的。因此，买入前就要准备好必要的后续方案和保险策略。

漫画

算 计

读书驿站

系统风险也叫市场风险，是指由全局性的共同因素引起的投资收益的可能变动。这种因素以同样的方式对所有证券收益都产生影响。

个股风险也叫非系统性风险，一般是指对某一支股票或某一类股票发生影响的不确定因素。如上市公司的经营管理、财务状况、市场销售、重大投资等因素，它们的变化都会对公司的股价产生影响。此类风险主要影响某一种股票，与市场的其他股票没有直接联系。

将您了解的系统风险的编号填入下图中相应的 ○ 中。

① 国家风险；② 政策风险；③ 道德风险；④ 汇率 / 货币风险；⑤ 经济周期性波动风险；⑥ 购买力风险；⑦ 利率风险；⑧ 能源危机；⑨ 传染病；⑩ 人口趋势。

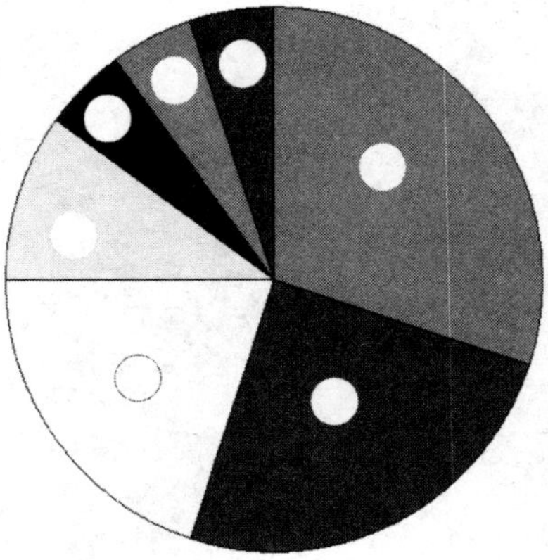

第8章 期权价格敏感性

美国罗斯福新政和股灾

第一次世界大战(以下简称一战)前的1913年,美国股市市值与英国股市市值相当,约为150亿美元,相当于美国GDP的三分之一。1913年12月31日道琼斯工业平均指数(以下简称道指)为58点。

一战期间股市起伏不大,一战结束后,欧美的银行家就一战赔款问题忙得不亦乐乎,众多金融机构无暇股市投机套利,股市也算平稳。但从1924年下半年开始,美国股市一路凯歌,到1929年9月3日道指涨到381点,年均涨幅40%,股市严重脱离了经济基本面,崩盘在所难免。

当时,美国举国上下一片欢喜,经济学家、分析师高唱赞歌,连大名鼎鼎的经济学家欧文·费雪也不断重复“股价并不高，离到顶还远着呢”。疯牛狂奔，股价暴涨，很多股民便采用配资炒股来放大自己的收益，从股票经纪人那里用20%～25%的利率借钱，因为他们相信，炒股一年的套利远远高于贷款利息。世界各国的炒股资金源源不断地流向华尔街，华尔街成了一台巨大的抽水机，把地球上的资金吸干了。各国央行不断上调利率企图阻止资金外流，打响资金保卫战。

1927年7月，约瑟夫·肯尼迪(肯尼迪总统的父亲)在赶往华尔街的路上，遇到一个擦皮鞋的男孩热情地告诉他股市的内幕消息，这让肯尼迪大为震惊，赶紧卖掉了他所持有的所有股票。他解释说：“当擦皮鞋的男孩知道的股票信息和我一样多时，就该退出股市了。”

1929年10月24日，这一天后来被称作“黑色星期四”，纽约证券交易所开盘后还算平稳，但到11时突然遭到大量卖单砸盘，仅一个小时就把道指砸下了20%，美国无线电公司股票在这一个小时里缩水35%。当时，市场一片混乱，很多股民感到大祸临头，像逃避海啸一样在恐慌中急着抛售股票。银行家紧急磋商，投入巨资托市，总算又把道指托了上去，收盘时为299点。由于金融机构都在奋力托市，并发起了媒体宣传战，告诉股民不要恐慌，这只是技术性崩盘，美国股市还远远没有到顶。10月25,26日股市平稳。

但到10月28日，卖单再次雪崩，股票成了烫手山芋，不管是机构还是散户都开始狂甩，这一天，道指跌到261点，比上一个交易日跌了13%，140亿美元蒸发。10月29日，正在美国访问的英国财政大臣丘吉尔参观纽约证券交易所，丘吉尔也是“散户”，在此次股票崩盘中损失了5万美元，这几乎是他的所有积蓄。这一天，道指跌到230点，至此，道指一个半月跌去了40%。在这期间，大西洋彼岸的英国股市跌了16%，德国股市跌了14%，法国股市跌了11%。

到1932年7月8日，道指跌到了41点，与1899年1月5日的道指持平，股市折腾了33年又回到了原点。道指从1929年9月3日的381点跌到1932年5月31日的45点，跌幅为89.24%，这么大的跌幅仅用了2年10个月，股民手里的股票贬值了九成。

当时的美国政府对股市泡沫几乎没采取任何行动，财政部长梅隆基甚至还有点“幸灾乐祸”，他称在此次股灾中倾家荡产的人是自找的、活该，这是为贪婪付出的代价，也只有这样才能吸取教训。我们借用他的话说：“现在是彻底清算的时候了，这会让人们更加努力地去工作，过上更道德的生活，用劳动换取果实，而不是靠投机获利。”

美国股市崩盘引发了世界范围的“大萧条”。银行业最先受到冲击，因为当时的大部分信贷在股市，股市崩盘意味着银行坏账增多、资产减值，不能偿付存款。

美国银行(是一家私人银行)在1930年12月10日发生了挤兑，很快，挤兑潮蔓延到美国所有州的所有银行。1931年8月到1932年1月就有1 860家银行倒闭，到1933年底，仍坚持营业的银行只剩下1929年的一半，幸存下来的银行也伤痕累累，苟延残喘。商业银行是货币的创造者，但巧妇难为无米之炊，要想创造货币，必须有存款。你存银行100万美元，银行通过贷款，实际上可创造出几百万美元来。反之，你把100万美元存款从银行提走，银行就必须减少几百万美元的贷款。就这样，美国信贷规模从1929年的500亿美元萎缩到1932年的300亿美元，尽管其间美联储不断向市场注入货币。就这样，银行挤兑潮导致信贷急剧萎缩，银行不但不再向企业提供贷款，还催促企业尽快还贷。货币是企业的血液，企业没钱就无法继续经营，只有关门大吉。

美国企业1929年盈利100亿美元，到1932年反而亏损了30亿美元。到1932年6月，美国物价水平只是1929年的75%，房地产价格跌了30%，失业率高达20%，国民收入从1 000亿美元减至550亿美元。

1933年3月4日，罗斯福宣誓就职总统后，实行的一系列“新政”才逐步把陷入深渊的美国经济挽救了上来，如禁止私人储藏黄金、美元与黄金脱钩、对证券业实行监管、建立银行存款保险制度、政府投资基础建设、建立社会保障体系、大力救助穷人、建立最低工资和工资封顶制度、对富人增税(个税税率高达94%)等。

这场经济危机席卷全球，各国金融系统和经济都不同程度地受到破坏。

在第1章里提到了期权敏感性。期权敏感性是指在其他变量保持不变的情况下，期权价值对于某一给定标的变量的微小变动的敏感性。

8.1　德尔塔(Δ)

德尔塔(Δ)是期权敏感性中最重要的一个。它衡量了期权价格对其标的资产价格微小变动的敏感性。

$$\Delta = \text{期权价值的变化} / \text{标的资产价值的变化}$$

Δ 一般是用小数形式表示的。买入期权表示为 Δ_C，而卖出期权表示为 Δ_P。

【例 8-1】

股票 6006×8 的期权 Δ 为 0.6，那么，当该股票的价格每变动 1 个单位，期权价格会变动 0.6 个单位。

在布莱克-休尔斯公式中，$\Delta_C = N(d_1) > 0$，$\Delta_P = -N(-d_2) < 0$。

Δ_C 为正数，Δ 与 S 同涨同跌；而 Δ_P 为负数，Δ_P 与 S 反向变动。

Δ 取决于期权是实值、平值还是虚值。

(1) 实值期权，Δ_C 趋于 1，而 Δ_P 趋于 -1；

(2) 平值期权，Δ_C 趋于 0.5，而 Δ_P 趋于 -0.5；

(3) 虚值期权，Δ 趋于 0。

运用 Δ 可以估算资产价格变化时导致的期权价格变化。期权价格变化和股价变化是非线性关系。而用 Δ 估算是粗略的，表现为线性关系。这种关系可以表示为

$$\text{期权的新价格} = \text{旧的期权价格} + \Delta \times (\text{新的股价} - \text{初始股价})$$

在实际交易中，杠杆倍数和 Δ 有一定的关系。

(1) 虚值期权。杠杆倍数 $= S \cdot \Delta /$ 权利金，杠杆倍数可正可负，认沽期权 Δ 为负，相应杠杆倍数也为负。

(2) 实值期权。杠杆倍数 $= | S - K | \cdot \Delta /$ 权利金。

期权杠杆的大小是不确定的，实值小，虚值大。如果有别的定义也是常见。投资者应当意识到，杠杆倍数是把双刃剑，可以放大收益，也可以放大风险。例如，对于杠杆倍数为 5 倍的认购期权，当股票价格下跌 20% 时，期权价格有可能已经降为 0 。

8.2 股票收益率的波动率和维伽(υ)

看涨期权 C 和股票价格 S 是正相关，同时涨，同时跌。用数学语言描述的话，C 的价格是 S 和 σ 的增函数。

$$\upsilon_C = \frac{\partial C}{\partial \sigma} = S\sqrt{\tau} \cdot N'(d_1) > 0$$

【例 8－2】

$C=30$ 元，$S=200$ 元，$\tau=0.25$，$N'(d_1)=0.336\ 6$，求当 σ 由 30% 上升到 40% 时，C 的变化。

解 $\upsilon=\dfrac{\partial C}{\partial \sigma}=S\cdot\sqrt{\tau}\cdot N'(d_1)=200\times\sqrt{0.25}\times 0.336\ 6=33.66$

新的看涨期权价＝原看涨期权价＋33.66×(40%－30%)＝30＋33.66×(40%－30%)＝33.366(元)

同样，看跌期权的价格也是标的资产收益率的波动率的增函数，因为

$$\upsilon_P=\frac{\partial P}{\partial \sigma}=S\cdot\sqrt{\tau}\cdot N'(d_1)>0$$

8.3 利率和柔(ρ)

看涨期权 C 和利率 r 同涨同跌，正相关。数学表述为

$$\rho=\frac{\partial C}{\partial r}=\tau\cdot K\cdot e^{-r\cdot\tau}\cdot N(d_2)>0$$

C 是利率 r 的增函数。

【例 8－3】

如果利率 r 从 0.5% 上涨到 1.5%，看涨期权的价值将怎样变化？其中，$C=30$ 元，$K=220$ 元，$\tau=0.25$，$N(d_2)=0.661\ 2$。

解
$$\rho=\frac{\partial C}{\partial r}=\tau\cdot K\cdot e^{-r\cdot\tau}\cdot N(d_2)=$$

$$0.25\times 220\times e^{-0.005\times 0.25}\times 0.661\ 2=36.32$$

新的看涨期权价＝原看涨期权价＋ρ×(1.5%－0.5%)＝

30＋36.32×0.01＝30.36(元)

看跌期权 P 是利率 r 的减函数，数学表述为

$$\frac{\partial P}{\partial r}=\tau\cdot K\cdot e^{-r\cdot\tau}\cdot[N(d_2)-1]<0$$

8.4 距到期的时间和西塔(θ)

期权的价值和它剩余存续期有着变量关系。西塔(θ) 就是用来表示这种变量关系的。

$$\theta=\frac{\text{期权价格的变动}}{\text{距到期的时间的变动值}}$$

也可以用数学式精确表达为

$$\theta_C=\frac{\partial C}{\partial t}=-\frac{S\cdot\sigma}{2\sqrt{\tau}}\cdot N'(d_1)-K\cdot e^{-r\cdot\tau}\cdot r\cdot N(d_2)$$

$$\theta_P=\frac{\partial P}{\partial t}=-\frac{S\cdot\sigma}{2\sqrt{\tau}}\cdot N'(d_1)-K\cdot e^{-r\cdot\tau}\cdot r\cdot[N(d_2)-1]$$

一般情况下,θ 为负值。表明随着时间的减少,期权的价值也会流失。

【例 8-4】

A 股 6004×6 的价格 $S=100$ 元,行权价 $K=105$ 元,$r=3\%$,$C=10$ 元,收益率的标准差 $\sigma=30\%$,距到期日还有 6 个月,$d_1=0.175\ 8$,$d_2=-0.036\ 5$, $N(d_2)=0.486\ 5$。当剩余时间从 6 个月减少为 5 个月时,其他条件都不变,期权价格将如何变化?

解 $$\theta_C=\frac{\partial C}{\partial t}=-\frac{S\cdot\sigma}{2\sqrt{\tau}}\cdot N'(d_1)-K\cdot e^{-r\cdot\tau}\cdot r\cdot N(d_2)=$$

$$-\frac{100\times0.30}{2\times\sqrt{0.5}}\times\frac{1}{\sqrt{2\pi}}\times e^{-\frac{1}{2}\times0.175\ 8^2}-105\times e^{-0.03\times0.5}\times0.03\times0.486\ 5=-9.84$$

$$C_{new}=C_{old}+\theta_C\cdot\Delta t=10-9.84\times\frac{1}{12}=9.18(\text{元})$$

8.5 拉姆达(λ)

拉姆达(λ) 度量了期权价值的变化百分比相对于股票价格变动百分比的大小:

$$\lambda=\frac{\text{期权价格变化的百分比}}{\text{股票价格变化的百分比}}$$

【例 8-5】

当股票上涨 2% 时，买入期权上涨 6%。

$$\lambda=\frac{\text{期权价格变化的百分比}}{\text{股票价格变化的百分比}}=6\%\div 2\%=3$$

一般情况下，λ 都大于 1。

8.6 伽马（Γ）

伽马（Γ）表示期权的德尔塔对股票价格变动的敏感性。

$$\Gamma=\frac{\text{德尔塔的变化}}{\text{股票价格的变化}}$$

也可以用数学式来精确表达：

$$\Gamma_C=\frac{\partial^2 C}{\partial S^2}=\frac{n(d_1)}{S\cdot\sigma\cdot\sqrt{\tau}}\qquad(\Gamma_C\geqslant 0)$$

$$\Gamma_P=\frac{\partial^2 P}{\partial S^2}=\frac{n(d_1)}{S\cdot\sigma\cdot\sqrt{\tau}}=\Gamma_C\quad(\Gamma_P\geqslant 0)$$

$$d_1=\frac{\ln(S/K)+(r+\sigma^2/2)\tau}{\sigma\sqrt{\tau}}$$

式中 C —— 买入期权的价值；

P —— 卖出期权的价值；

S —— 当前标的资产价格；

τ —— 距离到期的时间，以年为单位计算；

σ —— 标的资产回报率的年化波动率；

r —— 连续复利累计的年化无风险利率；

$N(\cdot)$ —— 累计正态分布函数；

$n(x)$ —— 概率密度函数。

$$n(x)=N'(x)=\frac{1}{\sqrt{2\pi}}e^{-\frac{1}{2}x^2}$$

【例 8－6】

已知：$S=300$ 元，$K=300$ 元，$r=1\%$，$\tau=0.25$ 年，收益率的标准差 $\sigma=30\%$，$\Delta=0.780\,1$，$C=10$ 元，求 Γ_C。

解 根据 Γ_C 的定义，可以算出：

$$d_1=\frac{\ln(S/K)+(r+\sigma^2/2)\tau}{\sigma\sqrt{\tau}}=\frac{\ln(300/300)+(0.01+0.30\times0.30/2)\times0.25}{0.30\times\sqrt{0.25}}=0.091\,7$$

$$N'(d_1)=\frac{1}{\sqrt{2\pi}}e^{-\frac{1}{2}d_1^2}=0.398\,842\times e^{-\frac{1}{2}\times0.091\,7^2}=0.397\,3$$

$$\Gamma_C=\frac{\partial^2 C}{\partial S^2}=\frac{n(d_1)}{S\cdot\sigma\cdot\sqrt{\tau}}=\frac{0.397\,3}{300\times0.30\times\sqrt{0.25}}=0.008\,829$$

当股价由 300 元涨到 301 元时，$\Delta_{new}=0.780\,1+0.008\,829=0.788\,829$

$$C_{new}=C_{old}+\Delta\times(\text{股价变化})+\frac{1}{2}\times\Gamma_C\times(\text{股价变化})^2=$$

$$10+0.780\,1\times(301-300)+\frac{1}{2}\times0.008\,829\times(301-300)^2=10.784\,5(\text{元})$$

这样计算出买入期权的数值和布莱克-休尔斯公式计算出来的结果相当接近。但总的来说，运用期权的敏感系数来计算期权的价格变动是近似值，只有标的股价格变化很小时才有效。

Γ 这个敏感系数是在期权平值时较大，而在实值和虚值时趋于小，如图8－1所示。

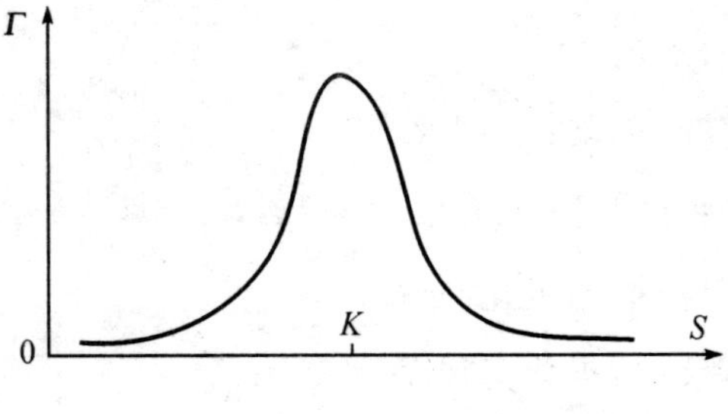

图 8－1 Γ大小变化

漫画

如何存在

读书驿站

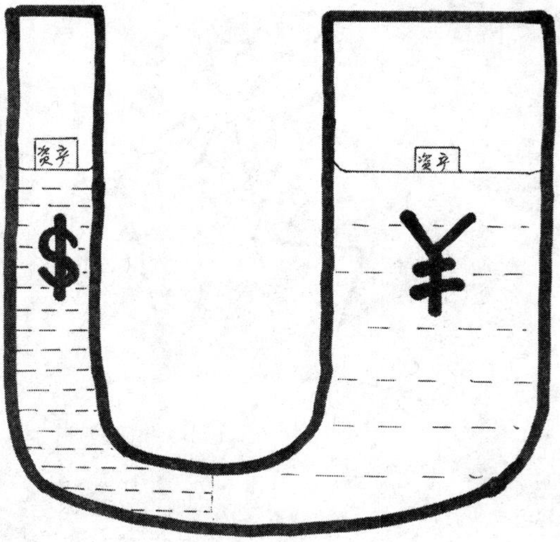

本币和外币连动，资产价格随之浮沉

第9章 动态保险策略

德国和股灾

1929年“大萧条”时期的德国遭受的损失比美国更大，因为纽约股市红火的时候，很多银行不再向德国提供贷款，而德国一战的战争赔款主要靠借贷，外资抽走，德国孤立无援，德国人民不得不过着最简朴的生活，德国公务员带头削减工资6%～20%，总统也不例外。

1931年夏天，德国金融体系彻底崩溃。

在这之后的半年里，德国生产力水平下降20%，失业率上升到33%，人民对政府极为不满。在这种情况下，希特勒推行的极端民族主义受到民众的追捧。

纵观历史，可以这样总结：股市的本质和社会价值在于它可以优化和配置社会资源,使社会资源朝着价值最大化的方向流动。对于普罗大众来说,尽量少凑这个热闹,不劳而获容易让人产生贪婪,忘记了风险的存在,也不知道应对方法……

9.1 应用德尔塔和伽马动态保险策略

【例 9-1】

投资者出售了一份 0005×8 的买入期权 C_1,期权执行价 $K=65$ 元,到期日为 2015 年 6 月,德尔塔 $\Delta=0.61678$,伽马系数 $\Gamma=0.006188$。因为是卖出作空,所以其带来的德尔塔 $\Delta=-0.61678$。为了保持持仓的中性德尔塔 $\Delta=0$,投资者买了 0.616 78 股 0005×8 。因为股票的德尔塔 $\Delta=1$,所以带来了 $+0.61678$ 的德尔塔值。

为了便于研究,我们先使用最小单位的数据。在实战中根据需要,只需算出德尔塔 Δ 的总数就行了。这时组合的德尔塔值 $\Delta_V=-0.61678+0.61678=0$。

虽然,$\Delta_V=0$,但还存在 Γ 风险。必须采取措施,使得 $\Gamma_V=0$,让组合 Γ 处于中性风险。

当 t_1 时,根据表 9-1 的数据,怎样使得组合的 Γ_V,Δ_V 处于中性?

表 9-1

t_1		Δ	Γ
C_1	欧式看涨期权 $K=65$ 元	0.616 78	0.006 188
C_2	欧式看涨期权 $K=68$ 元	0.566 023	0.007 058
S	0005×8 标的股	1	0

解 t_1 时刻,$\Delta_V=0$,但 $\Gamma_V=-0.006188<0$,必须先使 $\Gamma_V=0$。

为了达到这一目的,必须买进 0.006 188 的 Γ,通过买入 C_2 来实现。

$\Gamma_1/\Gamma_2=0.006188/0.007058=0.876736$。

买入 0.876 736 份 C_2 可以带来 0.006 188 的 Γ(见表 9-2)。

表　9－2

t_1		Δ	Γ
出售了 1 份 C_1	欧式看涨期权 $K=65$ 元	－0. 616 78	－0.006 188
买进 0.876 736 份 C_2	欧式看涨期权 $K=68$ 元	＋0.496 253	＋0.006 188
0. 616 78 份 S	0005×8 标的股	0. 616 78	0

这时，$\Gamma_V=0$，但 $\Delta_V=+0.496\ 253$，不是中性的。必须卖出 0.496 253 份标的股 S，见表 9－3。

表　9－3

t_1		Δ	Γ
出售了 1 份 C_1	欧式看涨期权 $K=65$ 元	－0. 616 78	－0.006 188
买进 0.876 736 份 C_2	欧式看涨期权 $K=68$ 元	＋0.496 253	＋0.006 188
0.616 78 份 S	0005×8 标的股	0. 616 78	0
卖出 0. 496 253 份标的股 S	0005×8 标的股	－0. 496 253	0
组合 V		0	0

这时，$\Gamma_V=0$，$\Delta_V=0$ 达到了中性。

当 t_2 时，情况发生了变化，见表 9－4。

表　9－4

t_2		Δ	Γ
1 份 C_1	欧式看涨期权 $K=65$ 元	0.703 065	0.006 213 5
2 份 C_2	欧式看涨期权 $K=68$ 元	0.531 319	0.007 152 8
0.120 257 份 S	0005×8 标的股	0.120 257	0

此时的存量证券数据见表 9－5。

表 9-5

t_2		Δ	Γ
1份 C_1 空单	欧式看涨期权 $K=65$ 元	$-0.703\ 065$	$-0.006\ 213\ 5$
0.876 736份 C_2	欧式看涨期权 $K=68$ 元	0.465 826	$+0.006\ 271\ 1$
0.120 257份 S	0005×8标的股	0.120 257	
			0
组合 V		$-0.116\ 982$	0.000 057 6

为了达到中性风险，做以下交易：

设法使 $$\Gamma_V=0$$

$$0.000\ 057\ 6/\Gamma_2=0.000\ 057\ 6/0.007\ 152\ 8=72/8\ 941$$

总共需要卖出72/8 941份 C_2 来对冲 $\Gamma=0.000\ 057\ 6$。

卖出72/8 941份 C_2 后，组合的情况见表9-6。

表 9-6

t_2		Δ	Γ
1份 C_1 空单	欧式看涨期权 $K=65$ 元	$-0.703\ 065$	$-0.006\ 213\ 5$
0.876 736份 C_2	欧式看涨期权 $K=68$ 元	0.465 826	$+0.006\ 271\ 1$
0.120 257份 S	0005×8标的股	0.120 257	
卖出72/8 941份 C_2	欧式看涨期权 $K=68$ 元	$-0.004\ 278\ 6$	$-0.000\ 057\ 6$
组合 V		$-0.121\ 260\ 6$	0

$\Delta_V=-0.121\ 260\ 6$，再买入0.121 260 6份标的股，见表9-7。

表 9-7

t_2		Δ	Γ
1份 C_1 空单	欧式看涨期权 $K=65$ 元	$-0.703\ 065$	$-0.006\ 213\ 5$
0.876 736份 C_2	欧式看涨期权 $K=68$ 元	0.465 826	$+0.006\ 271\ 1$
0.120 257份 S	0005×8标的股	0.120 257	
卖出72/8 941份 C_2	欧式看涨期权 $K=68$ 元	$-0.004\ 278\ 6$	$-0.000\ 057\ 6$
买入0.121 260 6份 S	0005×8标的股	0.121 260 6	0
组合 V		0	0

最终的证券存量见表 9-8。

表 9-8

t_2		Δ	Γ
1 份 C_1 空单	欧式看涨期权 $K=65$ 元	−0.703 065	−0.006 213 5
0.868 683 份 C_2	欧式看涨期权 $K=68$ 元	0.461 547 4	+0.006 213 5
0.241 517 6 份 S	0005×8 标的股	0.241 517 6	0
组合 V		0	0

总之，应用德尔塔和伽马动态保险策略的关键在于先使 Γ_V 为 0，然后买卖标的股使 $\Delta_V=0$ 。

9.2 指数卖出期权动态保险策略

通常较大资金持有的不是单一的股票，而是复制某种指数的一揽子股票组合。不能用单一股票期权来保护资产，而是用代表这种指数的卖出期权或期货来防止风险。而随着指数的波动，风险资产占总资产的比例也会变动，这时要买入或卖出风险资产，以保持组合 Δ 接近 0。

动态保险策略的交易成本较高。

漫 画

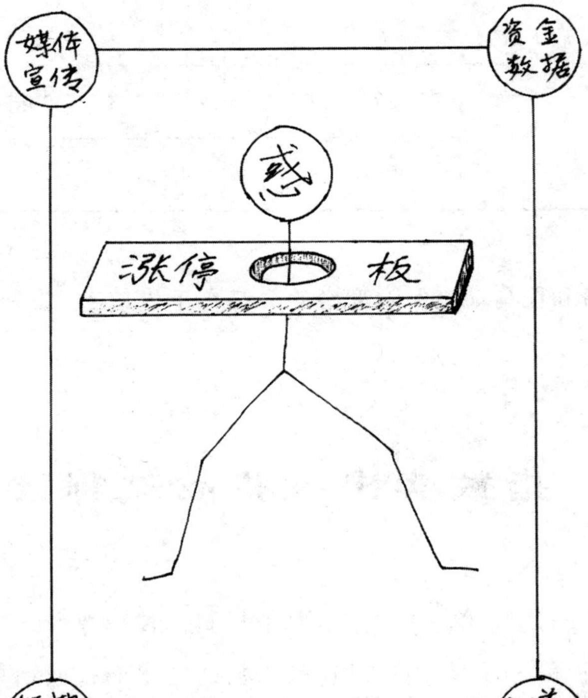

囚困之境源于投资理念错误

读书驿站

他山之石

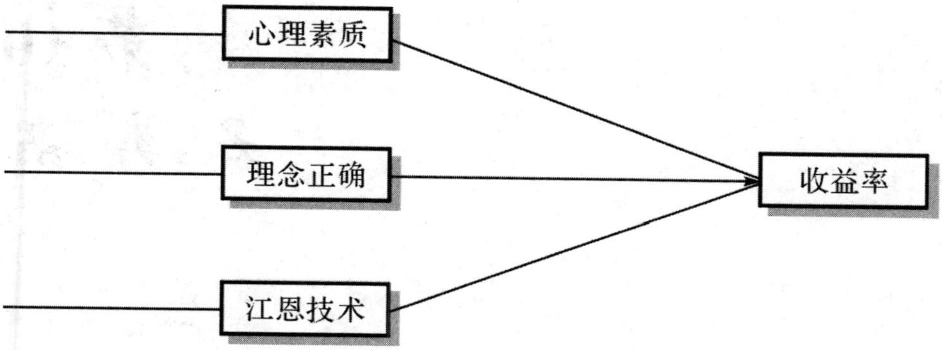

追求的收益率要和自身风险承受能力匹配

(1) 实战与虚拟交易不同，心理素质有重大影响，买多买少不一样，绝大多数人适合无风险收益；

(2) 投资者必须有正确的投资理念，理念错误则南辕北辙；

(3) 不懂江恩理论，不知进退。

第10章 另类期权

创业板的高市盈率也并非全无道理。在美国，与苹果同时诞生的还有叫西瓜、香蕉、芒果等大量的创业实体。但是，后来慢慢都不见了，只留下一颗苹果，每股 1 000 美元的苹果，优胜劣汰，说到底是概率。

另类期权（也叫奇异期权）是比常规期权（标准的欧式或美式期权 ）更复杂的衍生证券。这些产品通常是场外交易或嵌入结构债券，以及调整常规期权的特征或收益达到满足客户的需要。比如行权价格 K 不是一个确定的数，而是以一段时间内的资产平均价格作为行权价格的期权。或是在期权有效期内，如果资产价格超过一定界限，期权就作废。

另类期权有时也可以称为“新型期权”(exotic options)，虽然花样繁多，但他们通常都是在传统期权的基础上加以改头换面，或通过各种组合而形成。

1. 引入非期权衍生品

比如，将标准化的欧式看涨期权、欧式看跌期权、远期合约及现货标的资产进行适当的组合，从而形成一种新的组合型合约。

2. 修改期权的执行有效期

比如，非标准美式期权，通常也称"百慕大期权"(bermudan option)，是相对于场内交易的标准化美式期权而言的。非标准化美式期权只能在期权有效期的某些特定日期可提前执行，而不是在期权有效期内的任一营业日都可提前执行。有些美式期权在不同时间执行将有着不同的协定价格。

3. 赋予买入权和卖出权的双重属性

比如，任选期权，是指其持有者可在期权有效期内的某一时点选择该期权为看涨期权或看跌期权。与传统期权相比，任选期权的购买者具有更大的选择权，而其出售者将承担更大的风险，任选期权的期权费一般较高。

类似于跨式期权组合，但不完全相同。

4. 回顾期权(lookback options)

实质是一种特殊的欧式期权，它的收益取决于期权有效期内标的资产曾经达到过的最高价格或最低价格。

由于是场外协议，所以，双方可能增加了各种具体要求。

5. 障碍期权(barrier options)

收益取决于标的资产的价格是否在一定的时期内达到一定的水平，可分为敲出期权和敲入期权。

敲出期权是指当标的资产价格达到一个特定障碍水平时，该期权作废；敲入期权是指只有当标的资产价格达到一个特定障碍水平时，该期权才有效。

6. 呼叫期权(shout options)

呼叫期权是一种特殊的欧式期权，这种期权的持有者有权在期权有效期内的某一时间锁定一个最小盈利。

在期权有效期内持有者可以向期权出售者"呼叫"(shout)一次。当期权到期时，期权持有者获得的收益或者等于通常情况下欧式期权的收益，或者等于呼叫时期权的内在价值，持有者会选择两者之中较大的一个。

呼叫期权具有部分回望期权的特征，但相对而言费用低一些。如果在 t 时刻、资产价格为 S_t时，持有者进行了呼叫，则呼叫期权的收益为

$$\max(0, S_T - S_t) + (S_t - K)$$

7. 亚式期权(asian options)

亚式期权是指收益取决于期权有效期内至少某一段时期之平均价格的期权。

8. 标的物不是某种资产，而是期权

比如，复合期权(compound options)，是指一种期权合约以另一种期权合约作为标的物的期权，它实际上是期权的期权。

类似的，还有很多种另类期权。但万变不离其宗，就是改变期权的标的物，改变期权的买卖特征，改变期权的行权价，改变期权的有效期。有兴趣的朋友可以翻阅 Zhang P. G. 写的《奇异期权》。

另类期权的定价比较复杂。由于我国目前的期权市场还在起步阶段，并未涉及这些。所以，就不做深入介绍了。

漫画

向前向前向前！

读书驿站

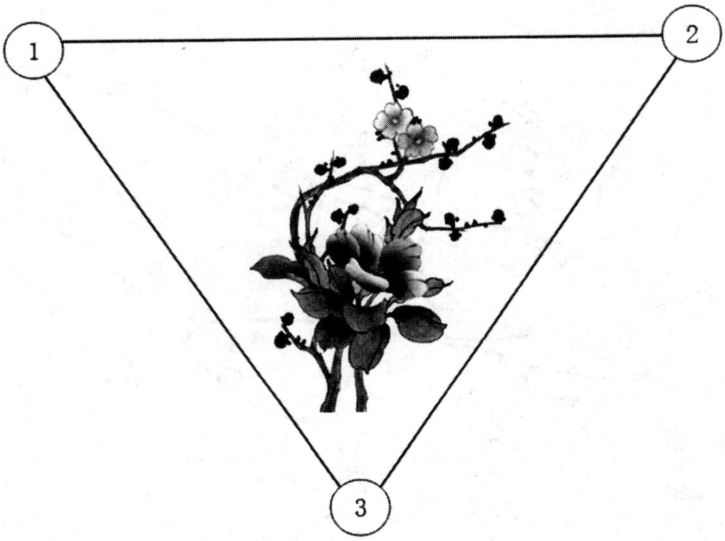

想要让投资之花万世盛开，你认为所需要最基本的条件：

(1)________________________________

(2)________________________________

(3)________________________________

附　录

附录 1　期权开户模拟题及参考答案

期权开户模拟题 1(一级)

1. 以下图形的收益曲线代表了投资者可能进行操作是(　　)。

A. 买入了看涨期权

B. 卖出了看涨期权

C. 买入了看跌期权

D. 卖出了看跌期权

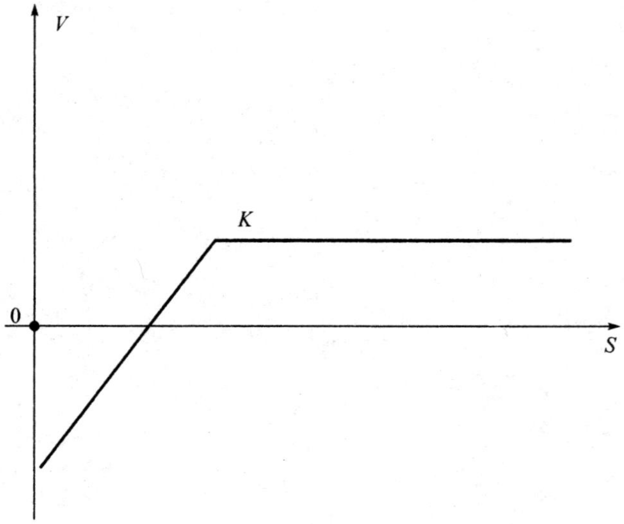

2. 买入期权后只能在期权到期日执行的期权叫作（　　）。

A. 美式期权　　B. 欧式期权　　C. 认购期权　　D. 认沽期权

3. 期权合约的面值等于（　　）。

A. 期权的行权价×合约规模　　B. 期权的权利金×合约规模

C. 期权的权利金　　D. 期权的行权价

4. 上交所期权合约简称为（　　）。

A. 90000123　　B. 601398C1308M00500

C. 601398　　D. 600111

5. 在（　　）情况下，不会出现合约调整。

A. 标的证券发生权益分配　　B. 标的证券发生公积金转增股本

C. 标的证券价格发生剧烈波动　　D. 标的证券发生配股

6. 某投资者初始持仓为 0，买入 6 张恒丰银行 9 月到期行权价为 5 元的看涨期权合约，随后卖出 3 张恒丰银行 6 月到期行权价为 4 元的看涨期权合约。该投资者当日日终的未平仓合约数量为（　　）。

A. 3 张　　B. 6 张　　C. 2 张　　D. 9 张

7. 下列不属于期权与权证的区别的是（　　）。

A. 当事人的权利义务不同

B. 收益风险不同

C. 保证金制度不同

D. 是否影响股本

8. 期权合约的交易价格被称为(　　)。

A. 行权价格　　B. 期权费　　C. 执行价格　　D. 结算价

9. 一般来说,在其他条件不变的情况下随着期权趋近到期时间 T,期权的时间价值(　　)。

A. 逐渐变大　　B. 保持不变　　C. 始终为零　　D. 逐渐变小

10. 以下为虚值期权的是(　　)。

A. 行权价格为 300,标的资产市场价格为 250 的看跌期权

B. 行权价格为 250,标的资产市场价格为 300 的看涨期权

C. 行权价格为 320,标的资产市场价格为 300 的看涨期权

D. 行权价格为 200,标的资产市场价格为 250 的看涨期权

11. 备兑开仓的交易目的是(　　)。

A. 增强持股收益,降低持股成本　　B. 以更高价格卖出持有股票

C. 降低卖出股票的成本　　D. 为持有的股票提供保险

12. 通过备兑平仓指令可以(　　)。

A. 减少认沽期权备兑持仓头寸　　B. 增加认沽期权备兑持仓头寸

C. 减少看涨期权备兑持仓头寸　　D. 增加看涨期权备兑持仓头寸

13. 通过证券锁定指令可以(　　)。

A. 减少认沽期权备兑开仓额度　　B. 增加认沽期权备兑开仓额度

C. 减少认购期权备兑开仓额度　　D. 增加认购期权备兑开仓额度

14. 保险策略的交易目的是(　　)。

A. 为长期持股提供短期价格下跌保险

B. 以较高价格卖出持有的股票

C. 为标的股价格上涨带来的损失提供保险

D. 为期权合约价格上涨带来的损失提供保险

15. 对一级投资者的保险策略开仓要求是(　　)。

A. 必须持有足额的认购期权合约

B. 必须持有足额的认沽期权合约

C. 必须持有足额的标的股

D. 没有开仓要求限制

16. 关于限购制度，以下说法正确的是(　　)。

A. 限制投资者买入股票数量　　B. 限制投资者买入开仓规模

C. 限制投资者每日持仓数量　　D. 限制投资者卖出平仓规模

17. 某股票价格是 39 元，其一个月后到期、行权价格为 41 元的认购期权价格为 1.2 元，则构建备兑开仓策略的成本是(　　)元。

A. 40.2　　B. 37.8　　C. 38.8　　D. 41.2

18. 某股票价格是 38 元，其两个月后到期、行权价格为 40 元的看跌期权价格为 3.2 元，则构建保险策略的成本是(　　)元。

A. 35.8　　B. 36.8　　C. 41.2　　D. 43.2

19. 2014 年 1 月 12 日某股票价格是 39 元，其两个月后到期、行权价格为 40 元的看涨期权价格为 2.5 元。2014 年 3 月期权到期时，股票价格是 38.2 元。则投资者 1 月建立的备兑开仓策略的到期收益是(　　)元。

A. －0.8　　B. 0.9　　C. 2.5　　D. 1.7

20. 某投资者持有 10 000 股中国人寿股票，如果该投资者希望为手中持股建立保险策略组合，他的操作是(　　)。(中国人寿期权合约规模为 1 000)

A. 买入 10 张中国人寿认购期权

B. 卖出 10 张中国人寿认购期权

C. 买入 10 张中国人寿认沽期权

D. 卖出 10 张中国人寿认沽期权

期权开户模拟题 2(一级)

1. 下图表示投资者(　　)。

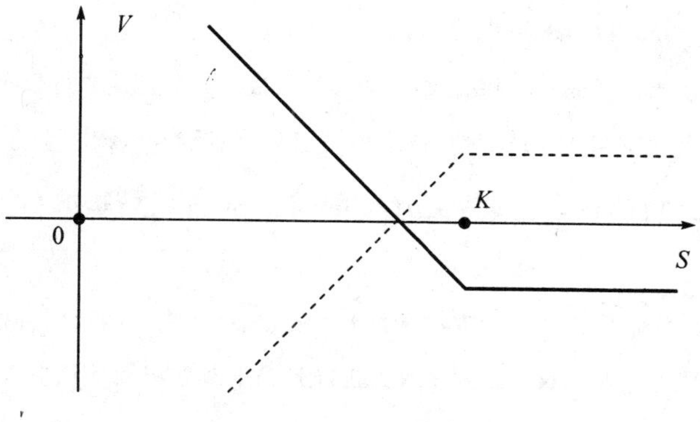

A. 买 C 并卖 P　　B. 买 C 并卖 C　　C. 买 P 并卖 P　　D. 跨式组合

2. 在其他条件不变的情况下，看涨期权的行权价格越高，则其权利金会(　　)。

A. 越高　　B. 不变　　C. 越低　　D. 不确定

3. 下列说法不属于期权的备兑开仓交易目的的是(　　)。

A. 活跃标的证券的市场流动性

B. 为标的证券长期投资者增添额外的收入

C. 部分规避所持有标的证券的下跌风险

D. 锁定标的证券投资者的部分盈利

4. 关于备兑开仓策略的潜在盈亏表述正确的是(　　)。

A. 无限损失　　B. 有限收益　　C. 无限收益　　D. 皆无可能

5. 以下属于保险策略目的的是(　　)。

A. 获得权利金收入　　B. 防止资产下行风险

C. 股票高价时卖出股票锁定收益　　D. 以上均不正确

6. 保险策略可以在(　　)情况下，减少投资者的损失。

A. 股价下跌　　B. 股价上涨

C. 股价变化幅度大　　D. 股价变化幅度小

7. 王先生以 10 元的价格买入 A 股票 1 万股，并卖出该股票行权价为 11 元的认购期权，将于 3 个月后到期，收取权利金 0.5 元/股（合约规模为 1 万股），在到期日，标的股收盘价是 11.5 元，则该策略的总盈利是（　　）。

A. 0 元　　B. 9 500 元　　C. 15 000 元　　D. 20 000 元

备注：总收益 ＝股票收益＋期权收益；股票收益＝股票市场价格－股票初始价格；

期权不执行时：期权收益＝权利金；

期权执行时：期权收益＝权利金＋（行权价格－股票初始成本），本题买方行权收回期权费。

8. 某投资者买入价格为 15 元的股票，并以 1.8 元价格卖出了 3 个月后到期、行权价格为 17 元的认购期权，则其备兑开仓的盈亏平衡点是每股（　　）。

A. 15.2 元　　B. 16.8 元　　C. 17 元　　D. 13.2 元

备注：股价越过 17 元时，投资者的组合收益成为水平线，盈亏平衡点的股票价格＝股票初始成本－权利金收入，这是由于卖出的股票认购期权的权利金收入正好弥补了股票小幅下跌造成的亏损，降低投资者的盈亏平衡点。

9. 对于保险策略的持有人而言，其 10 000 股标的证券的买入均价为 5 元，1 张当月到期、行权价为 5.5 元的看跌期权买入开仓均价为 0.75 元，若该期权到期时标的证券的价格为 5.8 元，该投资人获得的总收益回报为（　　）。

A. 500 元　　B. 1 500 元　　C. 2 500 元　　D. －500 元

10. 某投资者进行保护性认沽期权策略操作，买入的看跌期权其执行价格为 42 元，支付权利金 3 元，持股成本为 40 元，则该期权合约在到期日的盈亏平衡点是每股（　　）。

A. 40 元　　B. 41 元　　C. 42 元　　D. 43 元

11. 期权合约到期后，买方持有人有权以某一价格买入或者卖出相应数量的标的证券，这里的某一价格为（　　）。

A. 行权价格　　B. 权利金　　C. 标的证券价格　　D. 结算价

12. 期权的买方（　　）。

A. 获得权利金　　B. 付出权利金　　C. 有保证金要求　　D. 以上都不对

13. 看跌期权的卖方（　　）。

A. 在期权到期时，有买入期权标的资产的权利

B. 在期权到期时，有卖出期权标的资产的权利

C. 在期权到期时，有买入期权标的资产的义务（如果被行权）

D. 在期权到期时，有卖出期权标的资产的义务（如果被行权）

14. 假设A股票现价为14元，则下月到期、行权价格为（　　）元的该股票认沽期权合约为虚值期权。

A. 10　　B. 16　　C. 18　　D. 14

15. 以下选项，属于期权价格的影响因素的是（　　）。

A. 当前的利率　　B. 波动率　　C. 期权的行权价　　D. 以上都是

16. 期权合约与期货合约最主要的不同点在于（　　）。

A. 标的资产不同　　B. 权利与义务不对称

C. 定价时采用的市场无风险利率不同　　D. 是否是场内交易

17. 假设A段票的最新交易价格为20元，其行权价为25元的下月认沽期权的最新交易价格为6元，则该期权的内在价值和时间价值分别为（　　）元。

A. 6;5　　B. 1;5　　C. 5;6　　D. 5;1

18. 一般来说，在其他条件不变的情况下，认沽期权行权价格越高，其权利金会（　　）。

A. 越高　　B. 越低　　C. 没有影响　　D. 以上均不正确

19. 假设某投资者持有50 000股A股票，相应的个股期权的合约规模为10 000股。该投资者看好A股票的长期前景，但预计短期内不会有较大涨幅。如果该投资者希望在继续持有股票的同时获得额外的收益，则可以进行的操作是（　　）。

A. 备兑开仓5张A股票的行权价较高的短期认购期权

B. 备兑开仓10张A股票的行权价较高的短期认购期权

C. 备兑平仓5张A股票的行权价较高的短期认沽期权

D. 备兑平仓10张A股票的行权价较高的短期认沽期权

20. 对于A股票6月内到期的认购期权，行权价格为40元，权利金为5元，现股价为42元，此时该认购期权的时间价值为（　　）。

A. 2元　　B. 3元　　C. 5元　　D. 7元

期权开户模拟题3(一级)

1. 认沽期权买入开仓时,到期日盈亏平衡点的股价是(   )。

A. 行权价格+权利金
B. 行权价格
C. 权利金
D. 行权价格-权利金

2. 认估期权买入开仓的最大损失是(   )。

A. 权利金
B. 权利金+行权价格
C. 行权价格-权利金
D. 股票价格变动之差+权利金

3. 以下说法对Δ的表述错误的是(   )。

A. Δ是可以是正数,也可以是负数。

B. Δ表示股票价格变化一个单位时,对应的期权合约的价格变化量。

C. 我们可以把某只期权的Δ值当作这个期权在到期时成为实值期权的概率

D. 即将到期的实值期权的Δ绝对值接近0

4. 当前A股票的价格为9元,投资者买入一份认购期权,合约中约定期权的行权价格为12元,到期日股票价格为每股(   )元时,期权买入者会选择行使期权。

A. 6
B. 8
C. 7
D. 14

5. 投资者预计标的证券短期内不会大幅上涨,希望通过交易期权增加收益,这时投资者可以选择的策略是(   )。

A. 做多股票认沽期权
B. 做空股票认购期权
C. 做空股票认沽期权
D. 做多股票认购期权

6. 做空股票看涨期权,(   )。

A. 损失有限,收益有限
B. 损失无限,收益有限
C. 损失无限,收益无限
D. 损失有限,收益无限

7. 做空股票看跌期权,(   )。

A. 损失有限,收益无限
B. 损失无限,收益有限
C. 损失有限,收益有限
D. 损失无限,收益无限

8. 以3元卖出1张行权价为40元的股票看涨期权,两个月期权到期后股票的收盘价为41元,不考虑交易成本,则赢利为(   )元。

A. 4
B. 2
C. 1
D. -2

9. 以 2 元卖出行权价为 30 元的 6 个月期股票看跌期权，不考虑交易成本，到期日其盈亏平衡点是(　　)元。

A. 32　　B. 30　　C. 28　　D. 34

10. 卖出 1 张行权价为 50 元的平值认沽股票期权，假设合约规模为 1 000，为尽量接近 Δ 中性，应采取下列哪个现货交易策略？(　　)

A. 买入 1 000 股标的股　　B. 卖空 1 000 股标的股

C. 买入 500 股标的股　　D. 卖空 500 股标的股

11. 投资者对未来股票价格趋势看跌，进而卖出与该股票相关的认购期权，期间并不需要持有标的股。这种策略称为(　　)。

A. 卖出开仓　　B. 备兑开仓　　C. 保护性策略　　D. 抵补性策略

12. 某股票认沽期权的行权价为 55 元，目前该股票的价格是 53 元，权利金为 5 元(每股)。如果到期日该股票的价格是 45 元，则买入认沽期权的每股到期收益为(　　)元。

A. 9　　B. 14　　C. 5　　D. 10

13. 目前 A 股票价格为 20 元，行权价为 20 元的认购期权权利金为 2 元。如果股票价格上升 1 元，则权利金可能出现的变动是(　　)。

A. 下跌 1 元　　B. 上涨 0.5 元　　C. 下跌 0.5 元　　D. 上涨 1 元

14. 关于限开仓制度，以下说法错误的是(　　)。

A. 同一标的证券相同到期月份的未平仓合约对应的股票数超过股票流通股本的 30%时，次一交易日起限开仓

B. 限开仓的类别为认购期权开仓，但不限制备兑开仓

C. 限开仓时同时限制卖出开仓与买入开仓

D. 限开仓的限制对象为认购期权开仓和认沽期权开仓

15. 期权按权利主要分为(　　)。

A. 认购期权和看涨期权　　B. 认沽期权和看跌期权

C. 认购期权和认沽期权　　D. 认购期权和奇异期权

16. 某投资者买入一张行权价格为 10 元的股票认购期权，其合约规模为 1 000。“合约规模为 1 000”表示(　　)。

A. 合约面值为 1 000 元

B. 投资者需支付 1 000 元权利金

C. 投资者有权在到期日以 10 元的价格买入 1 000 股标的股

D. 1 000 元预付金

17. 某投资者购买了一张 A 股票看跌期权，行权价为 16 元，期权价格为每股 2 元，以下描述正确的是（　　）。

A. 当合约到期时，无论股票市场价格是多少，投资者可以按照每股 16 元的价格卖出该股票

B. 当合约到期时，无论股票市场价格是多少，投资者必须按照每股 16 元的价格卖出该股票

C. 当合约到期时，无论股票市场价格是多少，投资者可以按照每股 18 元的价格卖出该股票

D. 当合约到期时，无论股票市场价格是多少，投资者必须按照每股 18 元的价格卖出该股票

18. 个股期权价格的影响因素不包括（　　）。

A. 股票价格　　B. 行权价格　　C. 到期时间　　D. 期货价格

19. 期权权利金的理论价值可分为两种价值，分别为（　　）。

A. 内在价值，理论价值　　B. 外在价值，时间价值

C. 内在价值，时间价值　　D. 波动价值，时间价值

20. 以下对于期货与期权描述错误的是（　　）。

A. 都是金融衍生品　　B. 买卖双方权利和义务不同

C. 保证金规定相同　　D. 风险和获利不同

期权开户模拟题 4(二级)

1. 下图属于(　　)策略。

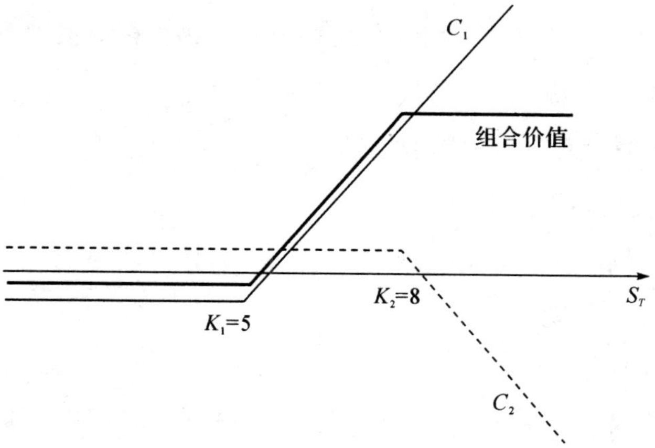

A. 牛市看涨差价期权策略　　B. 牛市看跌差价期权策略

C. 对角期权策略　　D. 蝶式组合策略

2. 关于股票认购期权,以下说法错误的是(　　)。

A. 认购期权的买方买入了一个买股票的权利

B. 认购期权的买方只有买股票的权利,没有义务

C. 认购期权的卖方只有卖股票的义务,没有权利

D. 合约到期时,认购期权的买方必须行权

3. (　　)是指一张期权合约对应的合约标的名义价值。

A. 合约面值　　B. 合约规模　　C. 合约数量　　D. 合约价格

4. 投资人王先生原账户中持有即将到期的期权合约权利仓 10 张,期权到期日当天买入 2 张该合约,则该投资者当天最大可行权的期权合约数量为(　　)。

A. 10　　B. 12　　C. 7　　D. 3

5. 假设 A 股票的现价为 14 元,则下月到期、行权价格为(　　)元的该股票的认沽期权合约为虚值期权。

A. 8　　B. 15　　C. 18　　D. 14

6. 关于历史波动率,以下说法正确的是(　　)。

A. 历史波动率是标的证券价格在过去一段时间内变化幅度的统计结果

B. 历史波动率是通过期权产品的现时价格反推出的市场认为的标的物价格在未来期权存续期内的波动率

C. 历史波动率是市场对未来期权存续期内标的物价格的波动率判断

D. 以上说法都不正确

7. 关于期权和期货,以下说法错误的是(　　)。

A. 当事人的权利和义务不同

B. 收益风险不同

C. 均使用保证金制度

D. 合约均有价值

8. 在其他变量相同的情况下,期权离到期日剩余时间越长,认沽期权的价值(　　)。

A. 不变　　B. 越大　　C. 越小　　D. 无法确定

9. 备兑开仓也可被称作(　　)。

A. 备兑买入认购期权开仓　　B. 备兑买入认沽期权开仓

C. 备兑卖出认购期权开仓　　D. 备兑卖出认沽期权开仓

10. 冯先生持有 10 000 股 B 股票,想做备兑开仓,则必须做的指令是(　　)。

A. 备兑平仓　　B. 证券解锁　　C. 证券锁定　　D. 卖出平仓

11. 如果投资者预计合约调整后所持有的标的证券数量不足,在合约调整当日(　　)。

A. 必须买入足够的标的证券以补足

B. 必须对已持有的备兑持仓进行全部平仓

C. 必须买入足够的标的证券或对已持有的备兑持仓进行平仓

D. 无须进行任何操作

12. 张先生以 50 元/股的价格买入 A 股票,同时以 6 元/股的价格卖出行权价为 55 元的 A 股票认购期权进行备兑开仓,当到期日股价上涨到 60 元时,沈先生的每股盈亏为(　　)。

A. 11 元　　B. 5 元　　C. 0 元　　D. −5 元

13. 假设A股票价格是26元，其3个月后到期、行权价格为30元的认购期权价格为2元，则构建备兑开仓策略的成本是(　　)。

A. 30元　　B. 32元　　C. 24元　　D. 25元

14. 冯先生以50元的价格买入A股票，同时以5元的价格买入行权价为55元的认沽期权进行保护性对冲，当到期日股价下跌到20元时，冯先生的每股盈亏为(　　)。

A. －10元　　B. －5元　　C. 0　　D. 5元

15. 对于保险策略的持有人而言，其5 000股标的证券的买入均价为11元，1张下月到期、行权价为9元的认沽期权买入均价为1.55元，则该保险策略的盈亏平衡为每股(　　)。

A. 12.55元　　B. 8.45元　　C. 11.55元　　D. 9.45元

16. 期权属于(　　)。

A. 股票　　B. 基金　　C. 债券　　D. 金融衍生品

17. 关于期权交易的买方与卖方的权利与义务，下面说法正确的是(　　)。

A. 买卖双方均只有义务，无权利

B. 买卖双方均只有权利，无义务

C. 买方有权利，无义务；卖方有义务，无权利

D. 买方有义务，无权利；卖方有权利，无义务

18. 对于合约盘中临时停盘，以下说法错误的是(　　)。

A. 停牌前的申报参加当日该合约复牌后可交易

B. 停牌期间，可以继续申报

C. 停牌期间，不可以撤销申报

D. 复牌时对已接受的申报实行集合竞价

19. 当期权处于(　　)状态时，其时间价值可能最大。

A. 实值期权　　B. 平值期权　　C. 虚值期权　　D. 深度虚值期权

20. 对于现价为12元的某一标的证券，其行权价格为12元、1个月到期的认沽期权权利金价格为0.25元，则该认沽期权合约的Δ值大致为(　　)。

A. 0.53　　B. －0.92　　C. －0.25　　D. －0.52

期权开户模拟题5(二级)

1. 以下图形的收益曲线代表了投资者可能进行的操作是(　　)。

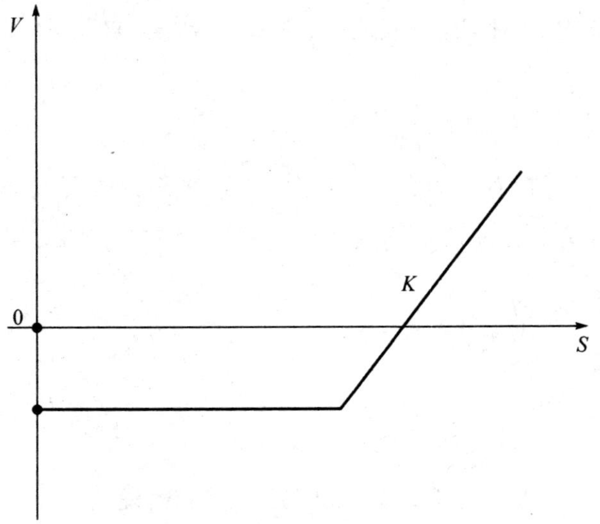

A. 买入了看涨期权　　B. 卖出了看涨期权
C. 买入了看跌期权　　D. 卖出了看跌期权

2. 认购期权买入开仓,买方结束合约的方式不包括(　　)。
A. 行权　　B. 平仓　　C. 放弃权利　　D. 卖出标的证券

3. 认购期权买入开仓的最大损失是(　　)。
A. 权利金　　B. 权利金+行权价格
C. 行权价格-权利金　　D. 股票价格变动之差+权利金

4. 认沽期权买入开仓(　　)。
A. 损失有限,收益有限　　B. 损失有限,收益无限
C. 损失无限,收益有限　　D. 损失无限,收益无限

5. 杠杆性是指(　　)。
A. 收益性放大的同时,风险性也放大
B. 收益性放大的同时,风险性缩小
C. 收益性缩小的同时,风险性放大

D. 以上说法均不对

6. 对于同一标的证券，以下期权的Δ值最小的是（　　）。

A. 平值认购期权　　B. 实值认购期权　　C. 虚值认购期权　　D. 都一样

7. 某投资者判断A股票价格将会下跌，因此买入一份执行价格为65元的认沽期权，权利金为1元。当A股票价格高于（　　）元时，该投资者无法获利。

A. 67　　B. 66　　C. 65　　D. 64

8. 某股票认购期权的行权价为55元，目前该股票的价格是53元，权利金为1元（每股）。如果到期日该股票的价格是45元，则买入认购期权的到期收益为（　　）元。

A. −1　　B. 10　　C. 9　　D. 0

9. 某投资者买入1张行权价格为35元（Δ=−0.1）的A股票认沽期权，权利金为0.05元，A股票价格为42元。投资者买入该期权的杠杆倍数为（　　）。

A. −5　　B. −84　　C. −70　　D. −14

10. 目前A股票价格为20元，行权价为20元的认沽期权的权利金为0.3元。该期权的Δ值可能为（　　）。

A. −0.5　　B. 0.5　　C. 1　　D. −1

11. 认购期权买入开仓时，到期日盈亏平衡点的股价是（　　）。

A. 行权价格＋支付的权利金　　B. 行权价格

C. 支付的权利金　　D. 行权价格－支付的权利金

12. 期权费用是指（　　）。

A. 期权成交时标的资产的市场价格

B. 买方行权时标的资产的市场价格

C. 买进期权合约时所支付的权利金

D. 期权成交时约定的标的资产的价格

13. 跨式策略适合使用的情况为（　　）。

A. 股价适度上涨时　　B. 股价大涨大跌时

C. 股价适度下跌时　　D. 股价波动较小时

14. 雁塔公司股票当天的开盘价为50元，投资者花3元买入行权价为50元、一个月后到期的认沽期权，并以 2.9 元卖出行权价为 50 元、一个月到期的认购期权，这一组合的最大收益为（　　）。

A. 50.1 元　　B. 47.1 元　　C. 47 元　　D. 49.9 元

15. 保护性股票认沽期权策略，（　　）。

A. 损失有限，盈利有限　　B. 损失有限，盈利无限

C. 损失无限，盈利有限　　D. 损失无限，盈利无限

16. 当到期时标的物价格等于（　　）时，该点为卖出认购期权的损益平衡点。

A. 行权价格　　B. 行权价格＋权利金

C. 行权价格－权利金　　D. 权利金

17. 投资者预计标的证券短期内会小幅上涨或者维持现有水平，希望通过交易期权增厚收益，这时投资者可以选择的策略是（　　）。

A. 做多股票认购期权　　B. 做多股票认沽期权

C. 做空股票认购期权　　D. 做空股票认沽期权

18. 以下陈述正确的是（　　）。

A. 期权合约的买方可以收取权利金

B. 期权合约卖方有义务买入或卖出标的股

C. 期权合约的买方所面对的风险是无限的

D. 期权合约卖方的潜在收益是无限的

19. 投资者欲买入一张认购期权，应采用的买卖指令是（　　）。

A. 买入开仓　　B. 卖出开仓　　C. 买入平仓　　D. 卖出平仓

20. 无论美式期权还是欧式期权，认购期权还是认沽期权，（　　）均与期权价值正相关变动。

A. 标的价格波动率 B. 无风险利率　　C. 预期股利　　D. 标的资产价格

期权开户模拟题6(二级)

1. 以下图形的收益曲线代表投资者可能进行的操作是( )。

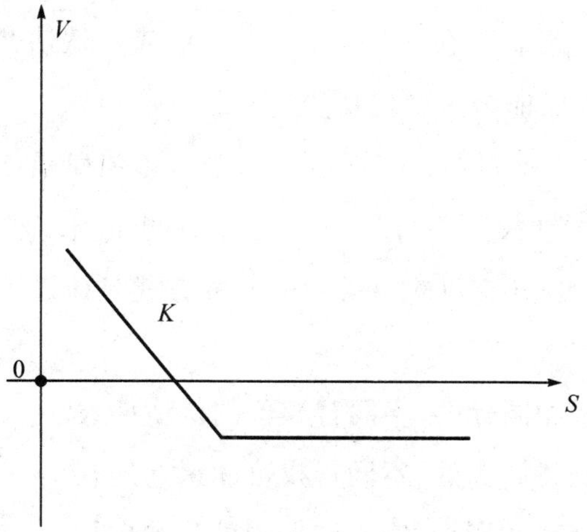

A. 买入了看涨期权　　B. 卖出了看涨期权

C. 买入了看跌期权　　D. 卖出了看跌期权

2. 投资者预计标的证券短期内不会大幅上涨,希望通过交易期权增加收益,这时投资者可以选择的策略是( )。

A. 做多股票认沽期权　　B. 做空股票看涨期权

C. 做空股票认沽期权　　D. 做多股票认购期权

3. 做空股票看涨期权,( )。

A. 损失有限,收益有限　　B. 损失无限,收益有限

C. 损失无限,收益无限　　D. 损失有限,收益无限

4. 看跌期权的空头表示( )。

A. 拥有买权,支付权利金　　B. 履行义务,支付权利金

C. 履行义务,获得权利金　　D. 拥有卖权,支付权利金

5. 卖出开仓合约的终结方式为( )。

A. 买入平仓　　B. 到期被行权　　C. 到期失效　　D. 以上全是

6. 做多股票看跌期权,( )。

A. 损失有限,收益无限　　B. 损失无限,收益有限

C. 损失有限,收益有限　　D. 损失无限,收益无限

7. 卖出认购开仓合约的终结方式为(　　)。

A. 行权　　B. 买入认沽开仓

C. 买入认购开仓(没有平仓)　　D. 卖出认沽开仓

8. 一般而言,收取的保证金水平较高的期权是(　　)。

A. 实值股票认沽期权　　B. 虚值股票认购期

C. 实值 ETF 认购期权　　D. 虚值 ETF 认购期权

9. 卖出认沽股票期权,开仓风险可采用的对冲方式是(　　)。

A. 卖空股票

B. 买入相同期限、相同标的、不同行权价的认沽期权

C. 买入相同期限、相同标的、不同行权价的认购期权

D. 买入相同行权价、相同标的、不同期限的认购期权

10. 认购期权的多头表示(　　)。

A. 拥有买权,支付权利金　　B. 履行义务,支付权利金

C. 履行义务,获得权利金　　D. 拥有卖权,支付权利金

11. 当结算参与人结算准备金余额小于零、且未能在规定时间内补足或自行平仓时,将会被交易所强行平仓。规定时间是指(　　)。

A. 次一交易日 11:30 前　　B. 次一交易日 9:30 前

C. 次一交易日 15:00 前　　D. 当日 17:00 前

12. 以 3 元卖出 1 张行权价为 40 元的股票认购期权,两个月期权到期后股票的收盘价为 41 元,不考虑交易成本,则其赢利为(　　)元。

A. 3　　B. 2　　C. 1　　D. −2

13. 以 2 元卖出行权价为 30 元的 6 个月期股票认沽期权,不考虑交易成本,到期日其盈亏平衡点是(　　)元。

A. 32　　B. 30　　C. 28　　D. 29

14. 认购期权的空头表示(　　)。

A. 拥有买权,支付权利金　　B. 履行义务,支付权利金

C. 履行义务，获得权利金　　　　D. 拥有卖权，支付权利金

15. (　　)构成备兑开仓。

A. 买入标的股，买入认沽期权　　　　B. 卖出标的股，买入认购期权

C. 买入标的股，卖出认购期权　　　　D. 卖出标的股，卖出认沽期权

16. 假设股票价格为 20 元，以该股票为标的、行权价为 19 元、到期日为 1 个月的认购期权价格为 2 元，假设 1 个月到期的面值为 100 元贴现国债现价为 99 元，则按照平价公式，认沽期权的价格应为(　　)元。

A. 0　　B. 0.81　　C. 1　　D. 2

17. 假设标的股价格为 10 元，Γ 值最高的期权是(　　)。

A. 行权价为 10 元、5 天到期的认购期权

B. 行权价为 15 元、5 天到期的认购期权

C. 行权价为 10 元、90 天到期的认沽期权

D. 行权价为 15 元、5 天到期的认沽期权

18. 卖出 1 张行权价为 50 元的平值认沽股票期权，假设合约规模为 1 000，为尽量接近 Delta 中性，应采取的现货交易策略是(　　)。

A. 买入 1 000 股标的股　　　　B. 卖空 1 000 股标的股

C. 买入 500 股标的股　　　　D. 卖空 500 股标的股

19. 以下关于跨式策略和勒式策略的说法正确的是(　　)。

A. 跨式策略成本较高，勒式策略成本较低

B. 跨式策略是由两个行权价不同的认沽和认购期权构成的

C. 勒式策略是由两个行权价相同的认沽和认购期权构成的

D. 跨式策略使用于股价大涨大跌的行情，勒式策略适用于股价波动较小的行情

20. 假定某股票当前价格为 61 元，某投资者认为在今后 6 个月股票价格不可能会发生重大变动，假定 6 个月的认购期权价格见下表。

执行价格	认购期权
55	10
60	7
65	5

投资者可以买入一个执行价格为 55 元的认购期权，买入一个执行价格为 65 元的认购期权，并同时卖出两个执行价格为 60 元的认购期权来构造蝶式差价。6 个月后股价为(　　)时，该策略可以获得最大收益。

A. 55 元　　B. 60 元　　C. 64 元　　D. 65 元

期权开户模拟题 7(三级)

1. 图中显示投资者作了(　　)交易。

A. 买 C 且卖 C　　B. 买 C 且买 P　　C. 买 P 且卖 C　　D. 买 P 并卖 P

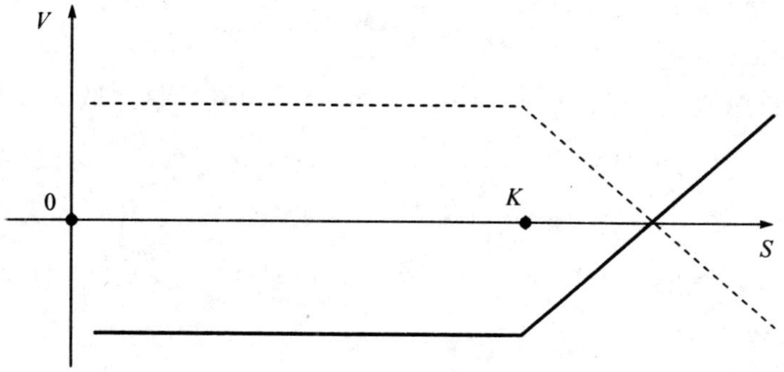

2. 关于保险策略，以下叙述不正确的是(　　)。

A. 保险策略是持有股票并买入认沽期权的策略，目的是使用认沽期权为标的股提供短期价格下跌的保险

B. 保险策略构建成本 ＝ 股票买入成本 ＋ 认沽期权的权利金

C. 保险策略的到期损益 ＝ 股票损益 ＋ 期权损益

D. 保险策略的盈亏平衡点 ＝ 买入股票成本 －买入期权的期权费

3. 保险策略的开仓要求是(　　)。

A. 不需要持有标的股　　B. 持有相应数量的标的股

C. 持有任意数量的标的股　　D. 持有任意股票

4. 投资者持有 10 000 股 A 股票，买入成本为 30 元/股，为了增加收益，该投资者以每股 0.4 元卖出了行权价格 K 为 32 元的 10 张 A 股票看涨期权(假设合约乘数为 1 000 股)，则收取权利金共 4 000 元。如果到期日股票价格为 20 元，则备兑开仓策略的总收益为(　　)。

A. －9.4 万元　　B. －9.6 万元　　C. －10 万元　　D. －10.4 万元

5. 投资者持有 10 000 股 A 股票，买入成本为 34 元/股，以 0.48 元/股卖出 10 张行权价格为 35 元的该股票认购期权(假设合约乘数为 1 000)，此次构建的备兑开仓的

盈亏平衡点为每股(　　)。

A. 33.52 元　　B. 34 元　　C. 34.48 元　　D. 36 元

6. 投资者持有 10 000 股 A 股票,买入成本为 34 元/股,以 0.48 元/股买入 10 张行权价格为 32 元的该股票认沽期权(假设合约乘数为 1 000 股),在到期日,该股票价格为 24 元,此次保险策略的损益为(　　)。

A. −2 万元　　B. −10 万元　　C. −2.48 万元　　D. −0.48 万元

7. 某股票现价为 20 元/股,投资者小王以现价买入该股票并以 2 元/股的价格买入一张行权价为 19 元的认沽期权,则这笔投资的盈亏平衡点为每股(　　)。

A. 20 元　　B. 21 元　　C. 22 元　　D. 23 元

8. 期权买方可以在期权到期前任一交易日或到期日行使权利的期权叫作(　　)。

A. 美式期权　　B. 欧式期权　　C. 奇异期权　　D. 认沽期权

9. 对于认购期权和认沽期权,以下描述错误的是(　　)。

A. 认购期权买方根据合约有权买入标的证券

B. 认购期权卖方根据合约有权买入标的证券

C. 认沽期权买方根据合约有权卖出标的证券

D. 认沽期权卖方根据合约有义务买标的证券

10. 假设某股票价格为 6.3 元,且已知,行权价格为 5～10 元的行权价格 K 间距为 0.5元。则该股票的平值期权行权价格为(　　)。

A. 6.5 元　　B. 7 元　　C. 6 元　　D. 6.3 元

11. 关于做市商,以下说法错误的是(　　)。

A. 做市商向公众投资者提供单边报价

B. 做市商是金融机构

C. 做市商必须具备一定资金实力和风险承受能力

D. 做市商向公众投资者提供双边报价

12. 对于行权价格为 20 元的 A 股票看跌期权,当股票市场价格为 25 元时,该期权为(　　)。

A. 实值期权　　B. 虚值期权　　C. 平值期权　　D. 不确定

13. 以下关于期权与期货的说法中,不正确的是(　　)。

A. 期权与期货在权利和义务的对等上不同

B. 期权与期货在到期后的结算价计算方式上不同

C. 期权义务方在交易中与期货类似，也需要进行保证金交易

D. 期权权利方在交易中与期货类似，也需要进行保证金交易

14. 假设A股票最新交易价格为5元，对于行权价格为4.5元并且当月到期的买入期权而言，若其权利金为0.7元，那么其内在价值和时间价值分别为(　　)元。

A. 0.3；0.4　　B. 0.5；0.2　　C. 0.4；0.3　　D. 0.35；0.35

15. 备兑开仓的构建成本是(　　)。

A. 股票买入成本－卖出认购期权所得权利金

B. 股票买入成本＋卖出认购期权所得权利金

C. 股票卖出收入－卖出认购期权所得权利金

D. 股票卖出收入 ＋ 卖出认购期权所得权利金

16. 以A股票为标的的期权合约规模为5 000，投资者张先生账户中原有10 000股A股票，当天买入5 000股A股票，请问小李最多可以备兑开仓(　　)张以该股票为标的的认购期权。

A. 3张，优先锁定账户中原有的1 0000股

B. 3张，优先锁定当天买入的5000股

C. 2张，当天买入的股票不能作为备兑开仓标的进行开仓

D. 1张，只能用当天买入的股票作为备兑标的进行开仓

17. 保险策略的交易目的是(　　)。

A. 规避下跌风险　　B. 提高收益　　C. 保值　　D. 投机

18. 小王买入A股票的成本为20元/股，随后备兑开仓卖出一张行权价格为22元、下个月到期、权利金为0.8元的认购期权，假设到期时，该股票价格为23元，则其实际每股收益为(　　)。

A. 2.8元　　B. 3元　　C. 2.4元　　D. 3.8元

19. A股票的现价为20元/股，投资者以该价格买入A股票并以2元/股的价格买入一张行权价格为19元的认沽期权，当期权到期日A股票的收盘价为18元/股时，这笔投资的每股到期损益为(　　)。

A. −2.5 元　　B. −3 元　　C. −4 元　　D. −5 元

20. 投资者买入现价为 35 元的股票，并以 2 元价格卖出了两个月后到期、行权价格为 33 元的认购期权，则其备兑开仓的盈亏平衡点是每股（　　）。

A. 33 元　　B. 35 元　　C. 37 元　　D. 39 元

期权开户模拟题8(三级)

1. 以下图形的收益曲线代表了投资者可能进行的操作是(　　)。

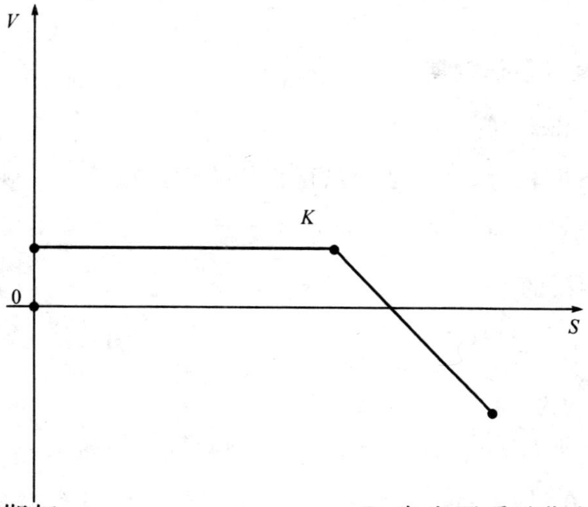

A. 买入了看涨期权　　B. 卖出了看涨期权

C. 买入了看跌期权　　D. 卖出了看跌期权

2. 假设期权标的上证50ETF前收盘价为2元,合约规模为10 000,行权价为1.8元的认购期权的权利金前结算价价为0.25元,则每张期权合约的初始保证金应为(　　)元。

A. 22 000　　B. 20 000　　C. 5 500　　D. 2 000

3. 以下期权组合中,可以构造合成股票策略的是(　　)。

A. 卖出一份平值认购期权,买入一份具有相同到期日的平值认沽期权

B. 卖出一份平值认沽期权,买入一份具有相同到期日的平值认购期权,将资金贷出

C. 卖出一份平值认沽期权,买入一份具有相同到期日的平值认沽期权

D. 卖出一份平值认购期权,买入一份具有相同到期日的平值认购期权

4. 目前,雁塔公司的股票价格是80元,投资者希望在未来长期持有一定数量的雁塔公司的股票,并且能够在低风险的水平下获取一定收益。当日,以80元/股的价格购买1 000股雁塔公司股票,然后以6.5元/股的价格买入一张半年后到期、行权价为80元、合约规模为1 000的认沽期权,再以5.5元/股的价格出售一张半年后到期、行权价为85元、合约规模为1 000的认购期权。若未来股价下跌,投资者承担

的最大损失是(　　)。

A. 1 000 元　　B. 4 000 元　　C. 5 000 元　　D. 80 000 元

5. 期权买方买入了看涨期权,如果在期权合约的有效期限内该期权标的股价格上涨,则(　　)。

A. 买方不会执行该认购期权

B. 买方不会获得盈利

C. 当买方执行期权时,卖方必须以行权价格卖出该期权所规定的标的物给买方

D. 因为执行期权而必须卖给买方带来损失

6. 上交所股票期权的最小价格变动单位是(　　)。

A. 0.01　　B. 0.1　　C. 0.001　　D 0.000 1

7. 隐含波动率是指(　　)。

A. 运用统计推断方法对实际波动率进行预测得到的结果

B. 标的物价格在过去一段时间内变化快慢的统计结果

C. 通过期权产品的现时价格反推出的市场认为的标的物价格在未来期权存续期内的波动率

D. 期权有效期内标的资产价格的实际波动率

8. 下列不属于期权与权证的区别的是(　　)。

A. 发行主体不同　　B. 履约担保不同

C. 持仓类型不同　　D. 对总股本的影响不同

9. 贵州茅台股票的市价是 250 元,贵州茅台九月 $K=220$ 元认沽期权目前的权利金为 10.8 元。请问这些看跌期权的内在价值是(　　)。

A. 0 元　　B. 19.5 元　　C. 30 元　　D. 无法计算

10. 正股价格上升时,假设其他因素不变,看涨期权的权利金(　　)。

A. 一般会增加　　B. 一般会减少　　C. 会维持不变　　D. 无法确定

11. 期权价格是指(　　)。

A. 期权成交时标的资产的市场价格

B. 买方行权时标的资产的市场价格

C. 买进期权合约时所支付的权利金

D. 期权成交时约定的标的资产的价格

12. 期权买方只能在期权到期日执行的期权叫作(　　)。

A. 美式期权　　B. 欧式期权　　C. 认购期权　　D. 认沽期权

13. 投资者预计标的证券价格下跌幅度可能性较大，如果价格上涨，也不愿意承担过高风险，这时投资者可以选择的策略是(　　)。

A. 做多股票认购期权　　B. 做多股票认沽期权

C. 做空股票认购期权　　D. 做空股票认沽期权

14. 做多股票看跌期权，最大收益是(　　)。

A. 行权价格－权利金　　B. 权利金＋行权价格

C. 权利金　　D. 行权价格

15. 陈先生者持有 10 000 股中国平安股票，如果陈先生希望为手中持股建立保险策略组合，他应该进行的操作是(　　)。(中国平安期权合约规模为 1 000)

A. 买入 10 张中国平安认购期权　　B. 卖出 10 张中国平安认购期权

C. 买入 10 张中国平安卖出期权　　D. 卖出 10 张中国平安认沽期权

16. 通过备兑开仓指令可以(　　)。

A. 减少认沽期权备兑持仓头寸　　B. 增加认沽期权备兑持仓头寸

C. 减少认购期权备兑持仓头寸　　D. 增加认购期权备兑持仓头寸

17. 关于备兑开仓，以下说法错误的是(　　)。

A. 备兑开仓不需使用现金作为保证金

B. 备兑开仓使用 100% 的标的股作为担保

C. 备兑开仓后可以通过备兑平仓减少头寸

D. 通过备兑平仓指令也可以减少看涨期权普通短仓头寸

18. 通过证券解锁指令可以(　　)。

A. 减少认沽期权备兑开仓额度　　B. 增加认沽期权备兑开仓额度

C. 减少认购期权备兑开仓额度　　D. 增加认购期权备兑开仓额度

19. (　　)构成保险策略。

A. 买入标的股，卖出认购期权　　B. 买入标的股，卖出卖出期权

C. 买入标的股，买入认购期权　　D. 买入标的股，买入卖出期权

20. 关于限仓制度，以下说法正确的是（　　）。

A. 限制投资者最多可持有的期权合约数量

B. 限制投资者最多可持有的股票数量

C. 限制投资者单笔最小买入合约数量

D. 限制投资者每日最多可买入合约数量

期权开户模拟题9(三级)

1. 投资者构建的组合是(　　)。

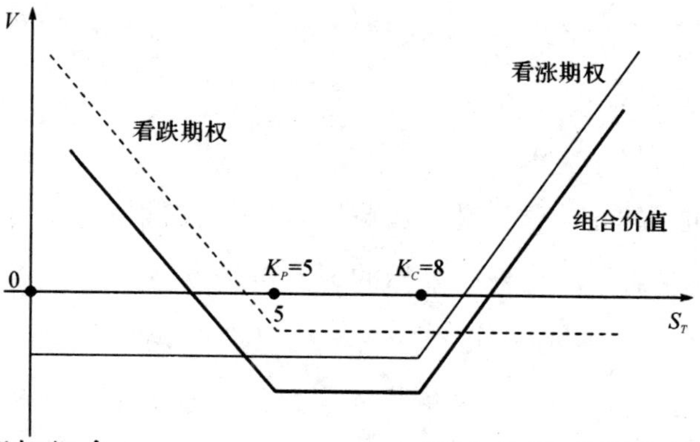

A. 多头跨式期权组合　　　　B. 空头跨式期权组合

C. 多头宽跨式期权组合　　　D. 空头宽跨式期权组合；

2. 对期权权利金的表述错误的是(　　)。

A. 是期权的市场价格

B. 是期权买方付给卖方的费用

C. 是期权买方面临的最大损失(不考虑交易费用)

D. 是行权价格的一个固定比率

3. 关于期权的权利和义务,以下哪一种说法是正确的(　　)。

A. 期权的买方既有权利,也有义务

B. 期权的卖方既有权利,也有义务

C. 期权的买方只有权利,没有义务

D. 期权的卖方只有权利,没有义务

4. 下列关于认沽期权说法错误的是(　　)。

A. 认沽期权买方有权在规定期限卖出指定数量标的证券

B. 认沽期权卖方在被行权时,有义务按行权价买入指定数量的标的证券

C. 认沽期权卖方有权利不行权

D. 认沽期权买方一般看跌标的资产

5. 其他要素相同时,认购期权的价格随着执行价格的增大而(　　)。

A. 增大　　B. 减小

C. 不变　　D. 无法确定

6. 某投资者收到一笔权利金，卖出了一个未来买股票的权利，该投资者是(　　)。

A. 认购期权的买方　B. 认购期权的卖方　C. 认沽期权的买方　D. 认沽期权的卖方

7. 下列说法错误的是(　　)。

A. 实值期权，也称价内期权，是指认购期权的行权价格低于标的证券的市场价格，或者认沽期权的行权价格高于标的证券市场价格的状态

B. 平值期权，也称价平期权，是指期权的行权价格等于标的证券的市场价格的状态

C. 虚值期权，也称价外期权，是指认购期权的行权价格高于标的证券的市场价格，或者认沽期权的行权价格低于标的证券市场价格的状态

D. 期权的权利金是指期权合约的行权价格

8. 权利金是期权合约的(　　)。

A. 市场价格　B. 行权价格　C. 结算价格　D. 执行价格

9. 期权与权证的区别，不包括(　　)。

A. 对总股本的影响不同　　B. 标的证券不同

C. 发行主体不同　　D. 履约担保不同

10. 买入股票认沽期权的最大损失为(　　)。

A. 权利金

B. 股票价格

C. 无限

D. 买入期权合约时，期权合约标的股的市场价格

11. 在其他条件不变的情况下，当标的股价格升高时，看跌期权的权利金会(　　)。

A. 上涨　B. 不变　C. 下跌　D. 以上都不对

12. 假设期权标的ETF前收盘价为2元，合约规模为10 000，行权价为1.8元的认沽期权的结算价为0.05元，则每张期权合约的维持保证金应为(　　)元。

A. 20 000　B. 18 000　C. 1 760　D. 500

13. 假设期权标的股前收盘价为10元，合约规模为5 000，行权价为11元的认沽期权

的结算价为 2.3 元，则每张期权合约的维持保证金应为(　　)元。

A. 50 000　　B. 21 000　　C. 24 000　　D. 10 000

14. 某投资者买入 1 张行权价格为 42 元($\Delta=0.5$)的 A 股票认购期权，权利金为 0.7 元，A 股票价格为 42 元，投资者买入该期权的杠杆倍数为(　　)。

A. 14.5　　B. 21　　C. 60　　D. 30

15. 假设投资者持有 A 股票，该股票价格前期已有一定涨幅，短期内投资者看淡其走势，但长期看好，那么投资者为了短期内来增强持股收益需进行的操作是(　　)。

A. 卖出认沽期权　　B. 买入认沽期权　　C. 买入认购期权　　D. 备兑策略

16. (　　)是指在交易时段，投资者可以通过该指令将已持有的证券(含当日买入，仅限标的证券)锁定，以作为备兑开仓的保证金。

A. 限价指令　　B. 保险策略

C. 证券解锁指令　　D. 证券锁定指令

17. 保护性买入认沽策略是一种保险策略，以下正确描述该策略的作用的是(　　)。

A. 增强持股收益　　B. 以较低的成本买入股票

C. 杠杆性投机　　D. 对冲股票下行风险

18. 对一级投资者的保险策略开仓要求是(　　)。

A. 必须持有足额的认购期权合约

B. 必须持有足额的认沽期权合约

C. 必须持有足额的标的股

D. 必须提供足额的保证金

19. 某股票的现价为 20 元/股，投资者以该价格买入该股票并以 2 元/股的价格备兑开仓了一张行权价格为 21 元的认购期权，则其盈亏平衡点为每股(　　)。

A. 18 元　　B. 20 元　　C. 21 元　　D. 23 元

20. 王先生以 15 元的价格买入某股票，股票现价为 20 元，为锁定部分盈利，他买入一张行权价格为 20 元、次月到期、权利金为 0.8 元的认沽期权，如果到期，股票价格为 22 元，则其每股收益为(　　)。

A. 6.2 元　　B. 7 元　　C. 7.8 元　　D. 5 元

期权开户模拟题10(三级)

1. 对于图中期权组合的特征,以下说法正确的是(　　)。

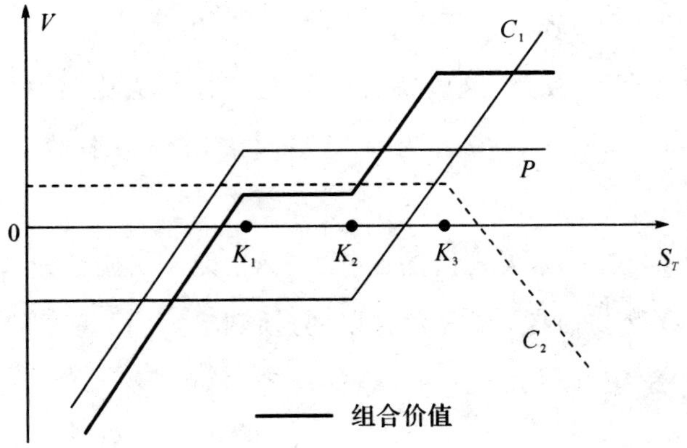

A. 组合收益无限　　B. 组合的风险无限

C. 组合中有1个看涨期权　　D. 组合有最小值

2. 张先生买入价格为23元的股票,并以2.2元价格卖出了两个月后到期、行权价格为25.5元的认购期权,则其备兑开仓的盈亏平衡点是(　　)元。

A. 22.8　　B. 20.8　　C. 25.2　　D. 27.2

3. 赵先生买入价格为26元的股票,并以0.8元价格买入了一个月后到期、行权价格为25.5元的认沽期权,则其保险策略的盈亏平衡点是(　　)元。

A. 24.2　　B. 25.2　　C. 26.8　　D. 25.8

4. 2010年1月1日某股票价格是21元,其两个月后到期、行权价格为20元的认沽期权价格为1.8元。2010年3月期权到期时,股票价格是16.2元。则投资者1月建立的保险策略的到期收益是(　　)元。

A. −4　　B. −2.8　　C. −3.8　　D. −1.7

5. 牛市中,投资者预计后市股票上涨幅度有限,或股价上涨只是跌势反弹,此时投资者最好的操作策略是(　　)。

A. 牛市价差期权策略　　B. 买入认购期权

C. 卖出认购期权　　D. 卖出认沽期权

6. 持有标的股，卖出其买入期权，称为(　　)。

A. 垂直价差套利策略　　B. 备兑开仓

C. 蝶式期权策略　　D. 卖出开仓策略

7. 熊市价差期权策略，(　　)。

A. 风险有限，盈利有限　　B. 风险有限，盈利无限

C. 风险无限，盈利有限　　D. 风险无限，盈利无限

8. 认沽期权的空头，(　　)。

A. 拥有买权，支付权利金　　B. 履行义务，支付权利金

C. 拥有卖权，支付权利金　　D. 履行义务，获得权利金

9. 王先生想要买入 A 公司的股票，目前的股价是每股 36 元。然而，王先生并不急于现在买进，因为他预测不久后该股票价格会稍稍降低，这时他应采取的期权策略是(　　)。

A. 卖出行权价为 40 元的认沽期权

B. 卖出行权价为 34 元的认沽期权

C. 卖出行权价为 34 元的认购期权

D. 卖出行权价为 40 元的认购期权

10. 波动率微笑是指，当其他合约条款相同时，(　　)。

A. 认购、认沽的隐含波动率不同

B. 不同标的的认购期权的隐含波动率不同

C. 不同行权价的期权隐含波动率不同

D. 不同到期时间的认沽期权的隐含波动率不同

11. 卖出认购股票期权开仓风险可采用的对冲方式是(　　)。

A. 卖出股票

B. 买入相同期限、相同标的、不同行权价的认沽期权

C. 买入相同期限、相同标的、不同行权价的认购期权

D. 买入相同行权价、相同标的、不同期限的认购期权

12. 投资人持仓超出持仓限额标准，且未能在规定时间内平仓；交易所会采取(　　)措施。

A. 提高保证金水平　　B. 强行平仓
C. 限制投资者现货交易　　D. 不采取任何措施

13. 假设期权标的股前收盘价为10元,合约规模为5 000,行权价为11元的认购期权的开盘参考价为1.3元,则每张期权合约的初始保证金应为(　　)元。
A. 20 000　　B. 50 000　　C. 14 000　　D. 5 000

14. 假设股票价格为20元,以该股票为标的、行权价为18.5元、到期日为1个月的认购期权价格为2元,假设利率为0,则按照平价公式,认沽期权的价格应为(　　)元。
A. 20　　B. 18　　C. 1　　D. 0.5

15. 相同标的物的认购期权X和Y。目前X期权深度实值,Y期权平值。一般来说,当其他条件不变而隐含波动率增大时,下列说法正确的是(　　)。
A. X期权的价格增幅大于Y期权的价格增幅
B. X期权的价格增幅小于Y期权的价格增幅
C. X期权的价格增幅等于Y期权的价格增长
D. 无法判断

16. 投资者认为未来A股票价格将下跌,但并不持有该股票。那么该投资者可以采取的策略为(　　)。
A. 买入认购期权　　B. 卖出开仓(卖出认购期权)
C. 卖出认沽期权　　D. 备兑开仓

17. 预计股票价格小幅震荡,并希望从拥有股票中获取额外收入的最优选择是(　　)。
A. 保护性策略　　B. 备兑开仓策略
C. 双限策略　　D. 买入认购期权策略

18. 某投资者判断X股票价格将会下跌,因此买入一份执行价格为66元的认沽期权,权利金为1元。当A股票价格高于(　　)元时,该投资者无法获利。
A. 67　　B. 66　　C. 65　　D. 64

19. (　　)指投资者未持有该合约时开始买入或卖出期权合约,或者投资者增加同向头寸。

A. 平仓　　B. 开仓　　C. 认购　　D. 认沽

20. 认购期权买入开仓,(　　)。

A. 损失有限,收益有限　　B. 损失有限,收益无限

C. 损失无限,收益有限　　D. 损失无限,收益无限

参考答案

期权开户模拟题 1

1. D　2. B　3. A　4. B　5. C　6. D　7. D　8. B　9. D　10. C　11. A　12. C　13. D　14. A　15. C　16. B　17. B　18. C　19. D　20. C

期权开户模拟题 2

1. C　2. C　3. A　4. B　5. B　6. A　7. C　8. D　9. A　10. D　11. A　12. B　13. C　14. A　15. D　16. B　17. D　18. A　19. A　20. B

期权开户模拟题 3

1. D　2. A　3. B　4. D　5. B　6. B　7. C　8. B　9. C　10. D　11. A　12. C　13. B　14. C　15. C　16. C　17. A　18. D　19. C　20. C

期权开户模拟题 4

1. A　2. D　3. A　4. B　5. A　6. A　7. C　8. B　9. C　10. C　11. C　12. A　13. C　14. C　15. A　16. D　17. C　18. C　19. B　20. D

期权开户模拟题 5

1. A　2. D　3. A　4. A　5. A　6. C　7. D　8. A　9. B　10. A　11. A　12. C　13. B　14. D　15. B　16. B　17. D　18. B　19. A　20. A

期权开户模拟题 6

1. C　2. A　3. B　4. C　5. D　6. C　7. A　8. A　9. B　10. A　11. A　12. B　13. C　14. C　15. C　16. B　17. A　18. D　19. A　20. B

期权开户模拟题 7

1. A 2. D 3. B 4. B 5. A 6. C 7. C 8. A 9. B 10. A 11. A 12. B 13. D 14. B 15. A 16. B 17. A 18. A 19. B 20. A

期权开户模拟题 8

1. B 2. C 3. B 4. A 5. C 6. C 7. C 8. D 9. A 10. A 11. C 12. B 13. B 14. A 15. C 16. D 17. D 18. C 19. D 20. D.

第 2 题 认购期权初始保证金＝[前结算价＋max(M×合约标的前收盘价－认购期权虚值，N×合约标的前收盘价)]×合约规模

认购期权虚值＝max(行权价－合约标的前收盘价，0)＝max(1.8－2，0)＝0

已知：前结算价＝0.25 元，M＝15%，合约标的前收盘价＝2 元，认购期权虚值＝0，N＝7%，合约规模＝10 000

代入得：认购期权初始保证金＝[0.25＋max(0.15×2－0，0.07×2)]×10 000＝(0.25＋0.30)×10 000＝5 500(元)

期权开户模拟题 9

1. C 2. D 3. C 4. C 5. B 6. D 7. D 8. A 9. B 10. A 11. C 12. C 13. C (M，N 设置不同，结果不同) 14. D 15. D 16. D 17. D 18. C 19. A 20. A

期权开户模拟题 10

1. D 2. B 3. C 4. B 5. A 6. B 7. A 8. D 9. B 10. C 11. C 12. B 13. C 14. D 15. D 16. B 17. B 18. C 19. B 20. B

附录 2 常用金融衍生品词汇英中文对照表

Asset market	资产市场
Asian options	亚式期权
Available cash	可用现金
Accreting currency swap	本金逐步增加货币互换
Accreting swap	本金逐步增加互换
Accrued interest	应计利息/累计利息
American option	美式期权
Amortising currency swap	本金分期减少方式货币互换
Amortising swap	本金分期减少方式互换
Appreciate	升值
Arbitrage strategy	套利策略
Asset mismatch	资产错配
At maturity	到期
Backwardation	现货溢价市场
Bearmarket	空头市场
Bankruptcy	破产
Butterfly type option	蝶式期权
Basis risk	基差风险
Basis swap	基差互换
Basis	基差
Basket CLN	一篮子信用关联票据

续表

Bearcall spread	熊市看涨价差组合
Bearput spread	熊市看跌价差组合
Bid-ask spread	买卖价差
Bondfuture	债券期货
Book runner	账户管理人
Break-even point	盈方平衡点
Bullcall spread	牛市看涨价差
Bullput spread	牛市看跌价差
Bullettransaction	子弹型交易
Buyer	买方
Call option	看涨期权
Callable swap	可赎回互换
Caplet	利率上限单元
Cash settlement	现金结算
Cheapest-to-deliver	最便宜交割债券
Circus swap	周期互换
Clearing house	结算所
Clearing	结算
Collateralised mortgage obligation	住房按揭贷款抵押担保债务
Commodity future	商品期货
Commodity swaps	商品互换
Contango	期货溢价
Contractsize	合约规模
Convenience yield	便利收益
Conversion factor	转换因子
Convexity	凸度
Counterparty risk	交易对手风险
Counterparty	对手方
Coupon	票面利率

续 表

Convert the currency denomination	转换货币单位
Crush spread	压榨利差
Currencyoption	货币期权/外汇期权
Currencyswap	货币互换
Current ask price	当前卖出报价
Currentbid price	当前买入报价
Debtrestructuring	债务重组
Default risk	违约风险
Deferred swap	延期互换
Delayed-rate setting swap	延期利率设置互换
Delivery date	交割日
Delivery procedure	交割步骤
Delta-neutral	德尔塔中性
Differential swap	差异互换
Dilution effect	稀释效应
Effectivedate	生效日
Electronictrading	电子交易
End-user	最终用户
Equity option	股票期权
European option	欧式期权
Exerciseprice	行权价格
Extendible swap	可展期互换
Failure-to-pay	无法支付
Fixedstrike lookback option	固定执行价回望期权
Fixed-for-fixed rate currency swap	固定利率对固定利率货币互换
Fixed-for-floating rate swap	固定利率对浮动利率互换
Floating strike lookback option	浮动执行价回望期权
Floating rate for floating currency swap	浮动利率对浮动利率货币互换
Floorlet	利率下限单元

续 表

Forward price	远期价格
Forward swap	远期互换
Forward	远期
Fulfillment date	交易完成日
Futures price	期货价格
Future	期货
Generic swap	普通互换
Gross payoff	总盈利
Implied repo-rate	隐含回购利率
In-the-money	实值期权
Initial and a final exchange of the principal amount	期初期末本金互换
Initial borrowing of principal	期初本金借入
Initialmargin	初始保证金
Interest rate collar	利率双限
Interest rate swaps	利率互换
Intermediary	中介
Intrinsicvalue	内在价值
Knock-in	敲入
Knock-out	敲出
Leverage	杠杆
Leverage Ratio	杠杆比率
Libor	伦敦同业银行间拆放利率
Lock in gains and stop	锁定收益和止损
Long position	多头
Maintenancemargin	维持保证金
Marginaccount	保证金账户
Marketmaker	做市商
Market place	交易地点

续表

Market to market	盯市
Maturitydate	到期日
Maturity mismatch	期限错配
Minimum-variance hedge ratio	最小方差套期保值比率
Moratorium	延期偿付
Mortgage-indexed	住房按揭贷款指数化
Naive Strategy	简单策略
Negativeroll yield	负迁仓收益
Normal-backwardation	正常的现货溢价
Notional amount	名义金额
Notional principal	名义本金
Nth-to-default CLN	N次违约信用关联票据
Obligation acceleration	债务加速
Obligationdefault	债务违约
Off-balance sheet	表外
Openoutcry	公开喊价
Out-of-money	虚值期权
Pay-receive	收支
Payer	支付方
Paymentdate	支付日
Physical delivery	实物交割
Physical settlement	实物交割
Positionvanilla swap	标准利率互换
Position limit	持仓限额
Positive roll yield	正迁仓收益
Put option	看跌期权
Put-callparity theorem	看跌—看涨评价关系理论
Puttable swap	可回售互换
Quality option	质量期权

续表

Quality spread differential	信用价差差异
Rate-capped swap	封顶利率互换
Receiver	接收方
Referencerate	参考利率
Repudiation	拒绝履行
Reset date	利率重置日
Reset	重置
Reversibleswap	可逆互换
Rho coefficient	ρ系数
Ring session	常规交易时段
Risk neutral probability	风险中性概率
Roller coaster swap	过山车互换
Securitization	证券化
Seller	卖房
Settlement	交割
Short position	空头
Short-term	短期
Single name CLN	单名信用联结票据
Spot market	现货市场
Spottransaction	现货交易
Standardized contract	标准化合约
Start date	开始日
Stock index future contract	股指期货合约
Straddle	跨式期权
Strangle	宽跨式期权
Swap broker	互换经纪人
Swap coupon	互换利息息票率
Swap curve	互换曲线
Swapdealer	互换交易商

续表

Swapfuture	互换期货
Swap option	互换期权
Swap	互换
Syntheticcollateralized debt obligation	合成抵押债务证券
Synthetic foreign currency asset	合成的外汇资产
Terminationdate	终止日
The European style option	欧式期权
The American style option	美式期权
Tick size	最小跳价单位
Tick value	最小跳价金额
Trading pits	交易池
Trading	交易
Type of product	衍生品类型
Type of their underlying asset	标的资产类型
Unbiased expectation hypothesis	无偏预期假说
Underlying asset	标的资产
Underlying currency	标的货币
Value date	定价日
Yield curveswap	收益率曲线互换
Zero sum game	零和博弈
Zero-coupon swap	零息票互换

后　记

股价为什么会高出每股净资产，本书中可以找到部分答案。

每股净资产只是一个账面数据，它是静态的。而每时每刻都在变化的公司净利润在改变着它，也不是只有净利润在改变着它。人们愿意付出更高的价格，是因为对所有者权益的增长有正向预期，所以高出的价格可以认为是看涨期权。

即便这样，还是不能完全解释溢价。这里面包含了对投资行为的复杂概括，以及投资者对概括的实际理解程度。

我们尝试思考这样一个问题：50ETF 指数期权的价格波动和什么相关呢？答案是上证 50 指数。而上证 50 指数的波动和什么相关呢？答案是组成上证 50 指数的一揽子股票。而每个成分股股价的波动又和什么有关系呢？是单个成分股票所代表的公司的质的和投资者对其未来的收益的预期。而单个成分股票所代表的公司的质的和投资者的未来预期又和什么有关系呢？

不是很容易说清楚的。50ETF 指数期权的价格是一个环环相扣的长链条。

书中所载的个股期权的实用技术和期权的理论，大都属于“技”的范畴。“技”的运用虽如同诗歌般美轮美奂，然而，形式中所流淌的是鲜活的生命。短期的赢利和立于不败之地的严密防御技术，从长期来看是远远不够的。个股期权毕竟是一种金融衍生工具，它要依附于标的股才能焕发出照人的光彩。所以，通达技巧的智士，也可能会深度思考世间万物的内在道理，身体力行，功夫又在诗外。

书中每章最后都设有关于投资理念的“读书驿站”，能潜心领会的朋友，未来，可能对风险投资会有一个崭新的认识。可以出入于证券市场，同时又心怀对市场的敬畏。

盖个股期权亦是以奇胜，以正和，计定于组合之内而势得以期权之外。可以谦卑的身姿立足现在，以更加美好的心境畅想未来。

参考文献

[1] 麦克唐纳.衍生品市场基础.任捷茹,戴晓彬,译.北京:机械工业出版社,2009.

[2] 约翰·赫尔.期权·期货和其它衍生产品.3版.张陶伟,译.北京:华夏出版社,2000.

[3] 林清泉.数理金融学.北京:中国人民大学出版社,2007.

[4] 郭宇权.金融衍生品数学模型.北京:世界图书出版公司出版,2010.

[5] 陈松男.结构式金融产品设计与应用.北京:机械工业出版社,2014.

[6] 金程教育.CFA注册金融分析师考试中文手册.北京:机械工业出版社,2015.

[7] 张光平.奇异期权.2版.马晓娟,等,译.北京:机械工业出版社,2014.

[8] 陈威光.金融衍生工具.武汉:武汉大学出版社,2013.

[9] 麦克米伦.麦克米伦谈期权.2版.郑学勤,等,译.北京:机械工业出版社,2014.